Cathrin Kahlweit
George Deffner
Pubertäter

PIPER

Zu diesem Buch

Wenn kleine Kinder größer werden, sind die ersten Freuden gelebt und die ersten Schritte gemacht, der erste Frust ist verdaut. Nun, denken Eltern, ist es geschafft: Die Kinder sind auf dem Weg ins Leben. Irrtum, das Schwierigste kommt erst noch: Die Pubertät. Denn hat sich der Sohn erst mal im Kapuzenpulli verschanzt und die Tochter ihren Dauerchat auf Facebook begonnen, ist der Frieden auf Jahre dahin. Anarchisch, streitlustig und schonungslos erzählen die Eltern und Journalisten Cathrin Kahlweit und George Deffner, wie es einer Familie ergeht, die an dauerhaftem Hormonüberschuss leidet und deren Küchentisch regelmäßig zur Kampfzone wird.
Eine hinreißend komische Nestbeigabe zur Brutpflege, die in keinem Elternhaus fehlen sollte.

*Cathrin Kahlweit* und *George Deffner*, Journalisten und Eltern, blicken mittlerweile auf über ein Jahrzehnt Pubertät zurück, die eigene nicht mitgerechnet. Cathrin Kahlweit ist seit vielen Jahren Redaktionsmitglied der Süddeutschen Zeitung, George Deffner ist als freier Autor fürs Fernsehen sowie als Moderatoren-Coach und Berater für TV-Produktionsfirmen tätig. Gemeinsam freuen sie sich schon auf die Pubertät ihres dritten Kindes.

Cathrin Kahlweit
George Deffner

# PUBERTÄTER

Wenn Kinder schwierig und Eltern unerträglich werden

Piper München Zürich

*Mehr über unsere Autoren und Bücher:*
*www.piper.de*

**Mix**
Produktgruppe aus vorbildlich bewirtschafteten
Wäldern und anderen kontrollierten Herkünften
www.fsc.org  Zert.-Nr. GFA-COC-001223
© 1996 Forest Stewardship Council

Originalausgabe
Juni 2011
© Piper Verlag GmbH, München 2011
Umschlagkonzeption: semper smile, München
Umschlaggestaltung: Bauer + Möhring, Berlin
Umschlagabbildung: iStockphoto
Satz: Kösel, Krugzell
Gesetzt aus der Whitman
Papier: Munken Print von Arctic Paper Munkedals AB, Schweden
Druck und Bindung: CPI – Clausen & Bosse, Leck
Printed in Germany    ISBN 978-3-492-27230-8

# INHALT

# WO DIE LIEBE HINFÄLLT

Synapsen ohne Verbindung
oder: Auch Eltern haben Rechte

Wir lieben Kinder. Und wir lieben – insbesondere – unsere eigenen Kinder. Hätten wir uns irgendwann im Leben entscheiden müssen: entweder wahnsinnig viel arbeiten und Karriere machen, zu zweit auf eine einsame Insel auswandern, Rockstars on tour werden, Antikriegsaktivisten in der Sahelzone – oder aber Kinder großziehen und dafür den einen oder anderen Kompromiss im Leben eingehen, wir hätten uns immer für Letzteres entschieden (aber zum Glück hat uns der liebe Gott nie vor die Wahl gestellt).

Allerdings: Hätten wir gewusst, dass unsere Kinder, wie wohl die meisten Kinder dieser Welt, ihre liebenden Eltern während der Pubertät derart in die Defensive drängen, dass wir uns manchmal fragen, ob kinderlose Akademiker mit Hund und Vielflieger-Bonuskarte nicht doch glücklicher sind – wir hätten zumindest einiges anders gemacht. Wären wir früher, als unsere Kinder noch klein und beeinflussbar waren, streng gewesen, konsequent, sparsam, ethisch unangreifbar, vielleicht hätten wir uns manchen Ärger erspart. Denn Tatsache ist: Einerseits wird jeder Mensch schon als Unikat geboren, und Umwelt-einflüsse, das soziale Umfeld, familiäre Erziehung können nur partiell an diesem Unikat etwas ändern. Andererseits sagen wir immer zu unseren Kindern: Unser Job ist es trotzdem, euch zu erziehen, sonst macht es ja keiner. Also versuchen wir es, wenn auch offenbar mit wechselndem Erfolg.

In der Pubertät stellt sich nämlich die Frage, ob die Erziehung in der frühen Kindheit falsch war oder versagt hat, ob man also die Konsequenzen der eigenen Inkon-sequenz erntet, und ob man ein schlechtes Vorbild war. Jedenfalls haben wohl die wenigsten Eltern das Gefühl, dass sie ihre pubertierenden Kinder kennen und immer, in jeder Minute, an jedem Tag bedingungslos lieben, wäh-rend diese motzen und kotzen, schweigen und chatten, schmutzen und abhauen. Und nur selten, sozusagen aus Versehen oder zur Abwechslung, mal zugewandt, sensibel und rational sind.

Ratgeber und wissenschaftliche Abhandlungen erklä-ren uns immer, warum das alles so sein muss und warum das gut ist. Wissenschaftlich gesehen hat das viel mit dem Umbau des Gehirns zu tun (davon später), und jeder zweite populärwissenschaftliche Text spricht lang und breit davon, dass das Hirn von Jugendlichen im Umbau und im Dauerstress sei und sie deshalb gar nichts dafür könnten, dass sie so sind, wie sie sind. Jeder Ratgeber und viele populärwissenschaftliche Texte erläutern auch, dass die Angst der Eltern vor der Pubertät ihrer Kinder unnötig sei, wenn sie sich nur richtig verhielten. Aber was genau ist »richtig«? Der Familienforscher Kurt Kreppner vom

Max-Planck-Institut für Bildung in Berlin hat mal aufgelistet, was Eltern leisten müssen, wenn sie keine Fehler machen wollen: alle Entwicklungsschritte mit Verständnis begleiten, dem Kind nie das Gefühl geben, es sei böse oder werde im Stich gelassen, immer souverän bleiben, eine lange Leine lassen, aber Regeln aufstellen, Distanz erlauben, aber immer da sein, Kinder nicht zu Partnern machen, nicht alles verstehen wollen, sich nicht gemeinmachen. »Kompetent« nennt Kreppner das – und müsste wahrscheinlich lange suchen, bis er Helden-Eltern fände, die sich selbst auch nur einen Bruchteil dieser Eigenschaften zuschreiben würden.

Eltern sollen also wahnsinnig viel leisten, können und dulden, aber wo bleibt eine entsprechende Anforderungsliste an die Kinder? Und wo bleibt die sympathisierende Forschung über Eltern als Opfer? Wir jedenfalls erklären unseren Kindern regelmäßig, dass das mit den entkoppelten Synapsen ja gut und schön ist, dass man aber trotzdem das Badehandtuch nach dem Duschen aufhängen kann und dass die Ausschüttung von Litern neuer Sexualhormone niemanden daran hindern muss, nach der Schule in sein Englisch-Vokabelheft zu schauen.

Ratgeber und wissenschaftliche Abhandlungen erklären uns auch unentwegt, dass Kinder sich nur in der Abgrenzung von ihren Eltern emanzipieren können, dass nur Verständnis und unbedingte Offenheit Nähe ermöglichen. Das ist in Ordnung, wir sind gern offen, aber beinhalten diese Regeln auch das Verständnis dafür, dass den ganzen Nachmittag Viva im Wohnzimmerfernseher läuft, während sich die Eltern ebendort gern mal in Ruhe auf einen Tee zusammensetzen würden? Der Schweizer Psychologe Allan Guggenbühl hat jedenfalls einen guten Rat an alle Familien, den wir, das geben wir gern zu, in die Tat umsetzen, ohne es immer zu wissen: »Zur gelungenen Ablösung der Kinder von den Eltern gehört, dass Jugendliche denken, Eltern machen alles falsch, und dass Eltern denken, sie hätten alles falsch gemacht.«

Nun, das klappt beides bei uns ganz gut. Und weil wir wissen, dass wir nicht die Einzigen sind auf der weiten Flur der Pubertätsgeschädigten, haben wir beschlossen, unsere – zugegeben häufig subjektiven, oft aber auch verallgemeinerbaren – Erlebnisse einer größeren Elternschaft weiterzugeben. Oft hilft ja im Leben schon das Gefühl, man sei nicht allein. Ach ja, und einen tollen Tipp haben wir auch. Psychologen, Pädagogen und Bildungsforscher haben recht, wenn sie sagen: Das geht alles vorbei. Eines Tages, man wacht auf und weiß nicht, was geschehen ist, sind die Kids wieder nett und zuverlässig, organisiert und entspannt. Huch, denkt man, und freut sich still. Und entsinnt sich der Jenaer Entwicklungspsychologin Karina Weichold, die tröstend mitteilt, es sei doch schön zu wissen, dass immerhin 80 Prozent aller Pubertierenden diese schwere Zeit ohne größere Krisen durchlebten und gestärkt aus ihr hervorgingen. Das gilt übrigens auch für die Eltern, finden wir: Je härter der Kampf zwischen 12 und 20, desto leichter fällt später die Trennung.

Was aber ist nun eigentlich los in dieser Zeit zwischen 12 und 20, die oft auch schon als sogenannte Vorpubertät mit 8 anfangen und als Spätpubertät bis 25 dauern kann?

Pubertät ist bekanntlich jener häufig genutzte, pädagogisch bedeutsame Begriff, der immer dann eingesetzt wird, wenn alle Beteiligten ratlos sind. Probleme? Das ist die Pubertät. Unglück? Auch die Pubertät. Depressionen? Pubertät! Anarchie? Natürlich die Pubertät, was denn sonst! – Pubertät meint mithin die Krise schlechthin; die Krise als Dauerzustand, als ein sich vermeintlich in alle Ewigkeit fortsetzender Prozess, Tag für Tag – und vor allem auch nachts. Pubertierende Kinder sind grundsätzlich rund um die Uhr aktiv. Selbst ihr Tiefschlaf hat einen aggressiven Charakter, da er meist kurz ist, erst spät in der Nacht einsetzt und nach Kneipe riecht.

Aus Kindersicht definiert sich Pubertät gemeinhin als die Zeitspanne, in der Eltern schwierig werden. Von einem Moment auf den anderen brüllen sie plötzlich los, natürlich völlig grundlos; sie verhindern und blockieren das Fortkommen ihrer Nachkommenschaft (auch im geografischen Sinne); und sie sind grundsätzlich gegen alles, was ihre Blagen an Argumenten vorbringen, ja sie finden im Ernstfall sogar stimmige Gegenargumente.

Aus Elternsicht bedeutet es: Verzweiflung und Hoffnung, Scheitern und Gelingen, viele kleine Niederlagen und wenige Siege, begleitet von der Spannung zwischen nie versiegender Zuneigung aller Beteiligten zueinander und der Ratlosigkeit darüber, wie das zusammenpasst: schlampige, desinteressierte, verplante, dümmliche – aber genauso oft witzige, überraschend kompetente, lebenskluge, liebevolle Teenager. Und weil es immer zwei Seiten gibt, kommen in diesem Buch alle Opfer und alle Täter zu Wort, also Eltern und Kinder, oder Kinder und

Eltern – je nachdem, wo man sich selbst und seine Lieben in dieser Aufteilung ansiedelt.

Die Wahrheit ist ja: Wenn kleine Kinder größer werden, sind die vielen ersten Freuden gelebt, die ersten Schritte gemacht, die ersten Zähne verloren, und der erste Frust ist verdaut. Nun, denken Eltern, ist das Schwierigste geschafft, die Kinder sind auf dem Weg ins Leben. Irrtum, das Schwierigste kommt erst noch: die Zeit, in der sogenannte junge Erwachsene alles sind, aber nicht erwachsen. Sie sind oft schlecht gelaunt, stumm, ichbezogen, gehen bei Eiseskälte im T-Shirt auf die Straße, rauchen und trinken ohne Sinn und Verstand, schauen Grunge-TV, spielen Ego-Shooter, kommunizieren in der Regel über *Facebook*, hängen auf anonymen Massenpartys herum, verlangen nach Markenklamotten, sind bisweilen grob zu ihren Mitmenschen, frech zu ihren Eltern, halten keine Verabredungen ein, finden Schule doof – und so weiter.

Einiges davon ist eher neu – der Umgang mit neuen Medien etwa oder die Rituale in der Peergroup – und vieles davon so alt wie die Geschichte der Pubertät. Nur: Für Mütter und Väter, die pubertierende Kinder daheim haben, ist diese Zeit ein Leben im ersten Kreis der Hölle. Schulische Leistungen und der Streit zwischen den Generationen dominieren den Familienalltag, die Debatte über pädagogische Konsequenzen bringt Mutter und Vater auseinander, jüngere, weniger verhaltensauffällige Geschwister fühlen sich vernachlässigt. Die Finanzierbarkeit von Internaten wird geprüft, Nachhilfe angeordnet, ab und an wird auch schon mal eine Erziehungsberatung in Anspruch genommen. Auch wenn alle Beteiligten wissen, dass diese Phase mit ihren Ausprägungen normal ist – denn das Leben mit pubertierenden Kindern ist, wie alles, was man selbst erlebt, faszinierend in seiner unerträglichen Einzigartigkeit.

## Drei gegen zwei –
## und fünf gegen den Rest der Welt

Unser eigenes Leben sieht so aus: Zwei Erwachsene, drei Kinder; die Eltern berufstätig, die Kinder (derzeit) noch alle drei in der Schule, das Zuhause eine Wohnung im Grünen, die Nachbarn freundlich und die Katze wohlauf. Die Kinder, Jerry, Lukas und Hannah, sind 11, 17 und 18 Jahre alt. Jerry spielt Tischtennis und schreibt – noch – gute Noten. Er ist freundlich und zärtlich, was Jungs im Alter von 11 noch sind, bis sie lernen, dass echte Männer nicht freundlich und schon gar nicht zärtlich sind und schon gar keine guten Noten schreiben.

Lukas ist ein echter Mann. Er spielt keinen Fußball mehr, das ist was für Kinder, er ist wortkarg, außer wenn er etwas möchte, und zärtlich nur zu seiner Freundin. Vermutlich. Er hat die Dame zu Hause noch nie vorgestellt, insofern ist die positive Zuwendung zu anderen Frauen als seiner Mutter eine pure Vermutung der Eltern.

Hannah ist mehr unterwegs als daheim, macht theoretisch Abitur, aber praktisch viel Party, und was sie den ganzen Tag genau tut, wenn, wie meist, jede Menge Schulstunden ausfallen, bleibt den Erziehungsberechtigten ein Rätsel. Sie hoffen, dass zumindest die Abiturvorbereitung reell ist; aber wenn sie so intensiv ausfällt wie Hannahs Aufräumarbeiten vor dem vollgestopften Kleiderschrank, dann wird die Hoffnung bis zuletzt nur Hoffnung bleiben.

Und dann sind da noch die Eltern und die Kinder von Freunden und Verwandten, Beispiele aus Zeitungen und Fernsehsendungen sowie aus anderen Ländern und anderen Lebensbereichen, was bedeutet: Die Kinder, die in diesem Buch vorkommen, sind Individuen und doch zugleich repräsentativ, es sind drei wie viele andere. Zahlreiche Geschichten, die hier erzählt werden, haben sich nicht bei uns oder nicht genau so, aber so ähnlich oder genau so anderswo abgespielt. Will heißen: Nicht überall, wo Hannah, Lukas und Jerry draufsteht, sind auch Hannah, Lukas und Jerry drin. Lukas, Hannah und Jerry sind Prototypen. Und der hier beschriebene Alltag von Eltern und Kindern ist in vieler Hinsicht dem realen Leben nachempfunden, aber Namen und Personen sind (fast) frei erfunden.

Im Namen aller Pubertisten, die hier stellvertretend porträtiert werden, bekommen Hannah, Lukas und Jerry in diesem Buch das letzte Wort. Damit sichergestellt ist, dass all die Gemeinheiten, Unsäglichkeiten und Missverständnisse, die von den Autoren aufgeschrieben wurden, wieder zurechtgerückt werden. Denn eines ist sicher: So ein Buch kann, ja darf nur entstehen, wenn sich alle Beteiligten einig sind. Und sich auch hinterher noch lieben und verstehen.

# WER NICHT ONLINE IST, IST TOT

Medien – und die Kraft der 160 Zeichen

Was tut ein liebender Vater, wenn er erfährt, dass seine noch minderjährige Tochter exakt 843 gute Freunde hat? In Worten achthundertdreiundvierzig – Stand gestern Abend, 18 Uhr, mit steigender Tendenz. Und wohlgemerkt: »gute« Freunde!

Früher – ein, zwei Generationen vor unserer Zeit – wäre die Lösung klar gewesen: Der empörte Vater hätte umgehend das Jagdgewehr aus dem Schrank geholt, sich vor den Gemächern des Nachwuchses postiert und den wild gewordenen Lustknaben aufgelauert. Danach hätte er sich die Tochter zur Brust genommen, sie ein Flittchen geheißen und sie auf eine Hausfrauenschule auf einem einsamen Berg in der Schweiz expediert. So wurde man seinerzeit der grassierenden Unmoral Herr. Und so sah in grauer Vorzeit auch Verhütung aus.

Doch die Zeiten haben sich geändert, die Methoden besorgter Väter auch. Außerdem beteuern Töchter heutzutage, diese Freundschaften seien harmlos und völlig anders, als sich das der spießige Vater in seiner verklemmten Phantasie und die Mutter mit ihren Angstneurosen vorstellten. Also gut, fragen wir erst einmal beim eigenen Kind unverbindlich-harmlos nach.

»Sag mal, Hannah, wie kommst du zu 843 guten Freunden?«

»Ach Papa.«

»Jetzt sag: Wieso hast du 843 gute Freunde? Wo kommen die alle plötzlich her? Das sind doch bloß Pseudofreunde, von denen nie einer für dich da wäre, wenn es dir mal schlecht geht.«

»Mensch Papa, ist doch egal. Du verstehst das sowieso nicht!«

Dieser Satz ist der meistgesagte in unserem Haushalt: »Du verstehst das sowieso nicht!« Reaktionen dieser Art kommen immer dann, wenn die noch kindlichen Pubertäter von ihren Altvorderen auf frischer Tat gestellt werden. Das soll Distanz ins Verhältnis bringen, für den Moment Luft verschaffen und bedrohliche Erstreaktionen wie Wutausbrüche oder bittere Tränen der Enttäuschung verhindern. Und es erklärt die liebenden, eben noch so wohlgesinnten Eltern ganz nebenbei zu anachronistischen Wesen, die es leider, leider schon lange aus der Zeitmaschine des Lebens herausgeschleudert hat. Die bereits ins Schattenreich der großen Ahnungslosigkeit abgedriftet sind, wegkatapultiert von allem, was das Leben lebenswert macht – quasi ein frühes Stadium von Demenz, das seit jeher Kinder für ihre Eltern diagnostizieren dürfen. Was wissen Eltern denn schon vom Heute, was von modernen Zeiten, vom rasenden Fortschritt und den grandiosen neuesten Errungenschaften der aktuellen Hightech-Ära? Nichts.

## Wenn Hinz oder Kunz anrufen

Wir, die Alten (und Eltern sind immer die Alten!), sind für unsere Kinder Dinosaurier aus dem MS-DOS-Zeitalter, aufgewachsen zwischen Röhrenfernseher, *Atari*-Spielkonsolen, verstaubten *Commodore 64*-Tastaturen, antiken Stereo-Radio-Kassettendecks und 1,44 MB starken Floppy Disks. Wir kennen Beatles-Songs auswendig und hören Eric Clapton. Wen, bitte? »Lukas, das ist der geilste Gitarrist der Welt.« »Nie gehört, wer soll das sein? Der geilste Gitarrist der Welt ist ja wohl…« – und dann kommen zehn Namen, zehn Bands, von denen unsereins wiederum nie gehört hat. Obwohl die moderne Eltern-Kind-Forschung gern die These verbreitet, es sei deshalb nichts mit Grenzen setzender Erziehung und pädagogischer Autorität, weil sich Eltern heutzutage allzu sehr bei ihren Kindern anbiederten, mit ihnen gemeinsam zum Justin-Timberlake-Konzert eilten, mit ihnen gemeinsam im Auto bei Jack Johnson mitsängen und auch gemeinsam mit ihnen bei *H & M* Röhrenjeans einkauften. Das heißt, wer keine Geschmacksgrenzen setzt, kann seinen Kindern nur schwerlich das Gefühl vermitteln, dass er ansonsten weiter, erfahrener, abgeklärter ist.

Bei uns ist das natürlich nicht so. Unser Sohn hat sich bei einem Sprachschulaufenthalt im Ausland mit *Abercrombie & Fitch*-Klamotten eingedeckt, die wir Erwachsenen uns nie im Leben leisten könnten, und er hört Rammstein. Da gibt es keine Gemeinsamkeiten. Unsere Tochter liebt elegisch-melancholische finnische Jazzsängerinnen mit depressiven norwegischen Vorfahren – auch da gibt es keine Gemeinsamkeiten. Dean Martin- oder Louis Prima-CDs, zu denen die Mutter gern laut und expressiv mitsingt, werden von ihren sensiblen Kindern gern mit empörtem Geschrei und ohne weitere Nachfrage aus dem Player gerissen. Was die Mutter daran erinnert, dass ihr Vater in jenen Dinosaurier-Zeiten, in denen man noch Vinyl-Schallplatten auf MusiCassetten überspielte, regelmäßig die bei ihm in Auftrag gegebene Überspielung von Earth Wind & Fire mit der Bemerkung abbrach, er habe schließlich seine teure Hi-Fi-Anlage nicht gekauft, um dabei zuzuhören, wie kastrierte Männer ihrer verlorenen Männlichkeit hinterherjammerten. Ach ja, derselbe Vater, mittlerweile Großvater, meldete seinen Töchtern, wenn ihre 843 Freunde anriefen (damals benutzte man noch das gemeine Festnetztelefon, das aber exzessiv!), gern den jeweiligen Anrufer mit dem Satz: »Hinz, Kunz, Pinz oder Schrunz haben wieder angerufen. Wie die hießen? Wer soll sich das merken?«

Nun, unsere Kinder vermuten jedenfalls, dass wir auch das Manuskript zu diesem Buch auf einer klapprigen *Olympia*-Reiseschreibmaschine mit ausgeleiertem Schlitten-Rückstellhebel schreiben. Also, wie soll man uns, den Bewohnern des Jurassic Parks für prä-senile Dinos, beibringen, was Apps, *Firefox* und MMS sind? Wo wir doch *Mozilla* garantiert mit Mozzarella verwechseln und bei *Twitter* nur an Tweety denken, den kleinen Vogel aus den Zeichentrickfilmen mit Kater Sylvester.

*(Widerspruch der Kinderschar: Zeichentrickfilme gebe es schon ewig nicht mehr, das heiße jetzt gefälligst Animationsfilm! Ob wir denn völlig hinter dem Mond lebten ...)*

Von unserem Wohnort hinterm Mond, dem idealen Schutzraum und Aufenthaltsort für Eltern und sonstiges pädagogisches Hilfspersonal, von dort aus also bestaunen wir mit großen Augen, wie sich unsere heranwachsende Brut scheinbar perfekt zurechtfindet in diesem gigantischen Haufen von geheimnisvollen Gerätschaften und Technologieträgern, obwohl sie doch gleichzeitig ertrinken in all den überflüssigen Informationen, Reizen und Ablenkungen. Überall lauern neue Medien – und warten auf die neuen Menschen. *Tempora mutantur nos, et mutamur in illis* ...

Unterbrechung. Die Kinder marschieren auf:

»Sagt mal, dreht ihr jetzt völlig durch?«

Alle drei Erbgutträger unserer Kleinfamilie bauen sich drohend vor uns auf. Der kultur- und gesellschaftskritische Exkurs von eben kam offensichtlich gar nicht gut an. Hannah gibt sich als Wortführerin.

»Was soll das denn? Bloß, weil ihr Probleme habt, euren blöden Festplatten-Recorder zu programmieren, kriegen wir jetzt alles ab, oder wie?!«

Lukas sekundiert:

»Ihr seid doch krass die Opfer! Morgens immer die Zeitung von vorne bis hinten lesen und schlau rumlabern, aber abends nicht mal 'ne AVI-Datei in MP3 konvertieren können!«

Sogar Jerry lässt sich nicht lumpen:

»Ihr seid echt so was von abgefahren doof. Nur, weil's euch nicht interessiert, nimmt mir Mama immer das *Nintendo* weg. Dabei bin ich null spielsüchtig, und außerdem ... (Jerrys neue Digital-Armbanduhr piepst dreimal laut)...oh, ich muss weg! Bäume pflanzen und Stall ausmisten!«

Spricht's und verschwindet. Doch wer glaubt, dass Jerry sich jetzt die Gummistiefel überzieht, um schnell in Stall und Garten nach dem Rechten zu sehen, der irrt gewaltig. Jerry kümmert sich lediglich virtuell um Flora und Fauna. Sein neuestes Spiel ist nämlich *Farmerama*, das er seit einer Woche auf seinem iPod nicht aus den Augen lässt. Und, ganz wichtig, das *ihn* nicht aus den Augen lässt! Denn Jerry muss auf dem 3,5 Zoll großen Bauernhof pflügen, säen, gießen, ernten und ackern, dass es eine helle Freude ist – für Jerry jedenfalls.

Die Hersteller dieses elektronischen Freiwilligen Sozialen Jahrs (Originaltext: »Das Spiel für Freunde des Landlebens«) schwärmen denn auch in den höchsten Tönen von der Sinnhaftigkeit ihres Games: die Jugendlichen würden Pünktlichkeit, Disziplin, Genauigkeit lernen, soziale Kompetenz erwerben, Verantwortung für Mensch und Tier übernehmen und und und... So weit die PR-Prosa. Und wie sieht die harte Realität aus? Jerry ackert wie verrückt auf seiner 2D-Farm, aber dafür bleibt am nächsten Morgen der Turnbeutel zu Hause liegen, auch die Gitarrenstunde wird vergessen, beim Arzttermin haben wir die Zahnspange nicht dabei, und die neue Regenjacke hängt wahrscheinlich noch an der Schulbushaltestelle. Hätten wir eine Farm, würde es mit der sozialen Kompetenz aber sicher klappen!

Den Vater erinnert das alles an die *Tamagotchi*-Phase vieler Kinder Ende der Neunzigerjahre. Millionen virtueller japanischer Puppenkinder mussten gepflegt und versorgt werden, auf dass sie regelmäßig genug Milch kriegten und gewickelt würden. Diese Mode hat sich in unserer Familie glücklicherweise umgehen lassen. Vielleicht, weil die einzige Tochter schon zu alt war, als diese in Puppenform gegossene Zwanghaftigkeit aufkam. Auch damals sprach die Spielwarenindustrie von einem »pädagogisch wertvollen Ansatz«. Schade eigentlich, dass Babysitten bei realen Babys deutlich weniger Umsatz bringt.

Jerry ist also weg. Geflüchtet. Aber Lukas und Hannah sind ja noch da. Die perfekte Gelegenheit, um unser Referat in Sachen Kulturpessimismus wieder aufzunehmen. Der Vater hebt an:

»Ihr glaubt also, dass diese ganzen Plemplem-Spielereien, mit denen ihr euch Tag und Nacht das Hirn zuballert, sinnvoll sind, ja? Dass man per Mausklicks die Welt besser macht und mit lautem Hip-Hop-Lärm 15 Punkte in der Physik-Klausur holt, ja?«

Mutter übernimmt:

»Und dass man sich persönlich weiterentwickelt, wenn man diese angesexte Schwachsinns-Grütze von verwöhnten Millionärstöchtern bei den Flirtshows auf MTV glotzt, ja? Oder diese dumpfbackigen Klischee-Typen aus den Coaching-Formaten am Nachmittag, die alle zu doof und zu faul sind, ihren eigenen Briefkasten zu leeren ...«

Der Rest dieses sachlich fundiert und kenntnisreich vorgetragenen Berichts zur medialen Lage der Nation findet leider vor leerem Unterhaus statt: Lukas und Hannah haben sich ebenfalls nach drei Sekunden verkrümelt. Sie kennen das alles nur zu gut. Und die Hoffnung, Mamas und Papas verkrustete Einstellung zum Gebrauch und

Nutzen neuer Medien ändern zu können, haben sie längst aufgegeben. Schade, dass den beiden die Flucht gelungen ist – denn so besteht keine Chance mehr für den großen Gegenangriff. Zu gerne hätten wir Lukas noch in die bildungsbürgerliche Mangel genommen, zum Beispiel mit der Killerfrage:

»Sag mal, Lukas, was heißt eigentlich dieses *tempora mutantur nos et mutamur in illis?*«

»Keine Ahnung!«, hätte er mit Sicherheit gesagt.

»Na hör mal, das ist Lateinisch. Und wer von uns hatte jetzt Latein bis zur Oberstufe, hm?«

Spätestens jetzt hätte Lukas den Kopf geschüttelt – auf Deutsch. Und dann, irgendwann, hätte er sich vielleicht erinnert, ganz vage, ja, da war doch was.

»Und, kannst du es übersetzen?«

Lukas hätte wieder den Kopf geschüttelt und dann wiederum das Weite nicht nur gesucht, sondern auch gefunden. Natürlich nicht, um sein altes zerfleddertes Latein-Buch hervorzukramen, Gott bewahre! Nein, falls überhaupt, hätte er die Schulweisheit bei Gelegenheit gegoogelt. Zum Beispiel, wenn der 4 GB-Download fürs nächste Level von *World of Warcraft* wieder mal zu lange dauert. Oder wenn der Drucker nur ganz langsam die 18 Seiten des nächsten Referats ausspuckt, von denen man nur eineinhalb selber geschrieben und die restlichen aus *Wikipedia* rüberkopiert hat. – Unsere Kinder leben *mit* der Technik? Quatsch: Sie leben *in* der Technik!

## Ende – Aus! – Stecker raus

Eltern, in der Regel Anti-Technik-Freaks aus dem letzten Jahrhundert, haben große Ängste, dass die neuen Technologien den Nachwuchs verführen und irre machen. Nicht selten zu Recht. Da ist zum Beispiel der Einsatz des Handys zur Begründung vermeintlicher Heldenmythen. »Schlampenvideos« nennt sich eine äußerst ekelhafte Spielart, die laut Zeugenaussagen anderer Eltern an einem Elitegymnasium, keine 20 Kilometer von uns entfernt, recht beliebt gewesen zu sein scheint. Da geht ein junger Kerl mit einem Mädchen ins Bett oder auch nur hinter den nächsten Busch, das Ganze wird mit der Handykamera aufgenommen und dann per Schneeballsystem an der Schule verbreitet, als besonders perfide Form von Mobbing. Je mehr Schlampenvideos, desto cooler. Wer keine ins Bett bekommt und nicht als Verlierer dastehen wolle, der helfe auch schon mal mit Gewalt nach, gestand einer der gefassten Übeltäter. Auf dem Handyfilm sei die sexuelle Nötigung vom freiwilligen Sex schließlich nicht zu unterscheiden. Die Grenzen zwischen Spaß und Gewalt, zwischen Realität und Fiktion, sie verschwimmen immer stärker.

Untersuchungen belegen, dass insbesondere bei Jugendlichen zwischen 14 und 19 Jahren die Gefahr groß ist, in die Welt des PCs ein- und aus dem realen Leben auszusteigen; 16 Prozent gelten als computersuchtgefährdet, 3,5 Prozent spielen mehr als 35 Stunden wöchentlich. Wer einen eigenen PC im Kinderzimmer hat, ist schlechter in der Schule. Wer ausdauernd Computerspiele spielt, schafft es seltener aufs Gymnasium. Wer viele Stunden in Chatforen kommuniziert, verlernt das direkte Gespräch. Wer in den Videowelten fremder Leben surft, erlebt nichts mehr selbst. Mehr noch als ausdauernder Fernsehkonsum ersetzt die Virtualität des Netzes eigene Aktivitäten, eine eigene Identität. Und warum interessiert sich dann die Forschung nur marginal für die Selbstaufgabe im Netz? Ein Bekannter von uns, ein Psychiater, hat sich jahrelang mit Onlinesucht befasst. Heute stellt er frustriert fest, dass sich seine Probanden, aber auch er selbst an die Computer viel zu sehr gewöhnt haben, als dass der permanente Gebrauch noch als Sucht empfunden würde. Die Zahl der Hilfesuchenden in seiner Praxis zumindest nimmt ab, weil das Problembewusstsein abnimmt. Dabei müsste man den Umgang mit dem Gerät lernen, so wie man Autofahren lernen muss.

Internetsucht ist eine Krankheit, die Krankenkassen nur selten anerkennen, die Ärzte nur selten erkennen und bei der – sehr zu Unrecht – nur die damit einhergehenden Begleiterscheinungen behandelt werden: Fettsucht (aufgrund mangelnder Bewegung) und Depression (aufgrund wachsender Einsamkeit). Psychologen und Pädagogen, die zurate gezogen werden, schlagen vor, den Computer auch mal auszumachen, mit den Kindern jugendgerechte Spiele zu spielen, begrenzte Nutzungszeiten festzulegen und über die Gefahren zu reden. Denn es drohen Realitätsverlust und Kontaktarmut.

All das ist Theorie, ist banal, Klippschule der Familienarbeit. Aber auch kritische Eltern fühlen sich trotzdem schnell überfordert, nicht ausreichend gewappnet, sie trösten sich mit der Gewissheit, dass ihre Kinder am Computer auch fürs Leben lernen. Aber tun sie das? Oder finden sie nur, wo sie suchen, weil die Denkmuster beim Googeln und Surfen von Gegebenem, von Bekanntem geprägt sind? Und lesen sie nicht nur in Ausschnitten, hier und da und dort, Schnipsel, Bits und Bytes, während sie von einem undurchsichtigen System von Internetlinks und Werbeeinblendungen in die Tiefe eines irrationalen Netzes gelotst werden?

Die mediale Debatte darüber, wie man Computer und Kinder verträglich, aber nicht täglich zusammenbringt, ist verlogen. Sie dreht sich allzu oft um die Gefährlichkeit einzelner Spiele und die Frage, ob diese zu Gewalttaten verleiten. Tatsächlich sind die Kriterien, nach denen die freiwillige Selbstkontrolle für Unterhaltungssoftware auf die Indizierung blutrünstiger Spiele verzichtet, nicht nachvollziehbar. Aber die Fokussierung auf einzelne Spiele bedeutet oft gleichzeitig den Verzicht auf grundlegende politische und pädagogische Fragen. Wer die stellt, gilt schnell als reaktionär oder uncool.

Aber stellen wir sie – am Beispiel eines jungen Mannes, den wir persönlich kennen und dessen Eltern, genau wie wir, Computer meist zum Arbeiten, manchmal zum Flüge buchen oder zum Fotos sammeln nutzen. Der Sohn spielte RPGs *(role playing games)* von morgens bis abends, er spielte auf LAN-Partys mit vielen Mitspielern, er stand nicht mehr von seinem Stuhl auf, er ging nicht mehr auf die Straße, er vergaß zu pinkeln und zu essen. Wohlmeinende Freunde rieten zur Therapie, aber wie jemanden zur Therapie bringen, der sich selbst nicht als krank empfindet? Andere wohlmeinende Freunde rieten zu alternativen Verlockungen: gemeinsames Essen, Kino, Reisen. Aber wie jemanden ins Kino oder nach Spanien locken, dessen Welt sich perfekt in die 22 Zoll seines Monitors hineinpressen lässt?

Der junge Mann veränderte sich, er sprach immer weniger, er traute sich immer weniger zu. Seine Eltern, unsere Freunde, warteten und hofften und weinten und redeten. Wenn sie den Stecker zogen, bekam der Sohn Wutausbrüche und Anfälle. Psychologen berichten, dass dies eine Erfahrung vieler Eltern ist, die es auf die radikale Tour versuchen, wenn es eigentlich schon zu spät ist: ihre Kinder randalieren, werfen Fenster ein oder Tische um. Das versuchen diese Eltern meist nur ein Mal, dann fürchten sie sich. Vor der Sucht – und vor ihrem Kind.

Diese Eltern waren krank vor Sorge. Es ist ja nicht so, dass nur Jugendliche computersüchtig werden, die in Verwahrlosung aufwachsen (man betrachte nur die Geschichten der Amokläufer von Winnenden, Emsdetten oder Erfurt). Unsere Freunde entschlossen sich schließlich zum Äußersten: sie kappten die Internetverbindung in ihrem Haus, was für den selbstständigen Vater, der sein Büro zu Hause hat, eine echte Belastung war. Und dann warteten sie. Eine Woche, zwei Wochen, zwei Monate. Nach vielen Wutausbrüchen und noch mehr Tränen kam der Sohn dann eines Tages wieder aus seinem Zimmer. Heute ist er ein erfolgreicher Computerfachmann. Er sitzt auch da viel am PC. Aber er spricht wieder. Und er isst mit anderen. Und neulich hat er sogar eine Reise gemacht.

## Die Körperstecher kommen

Zurück zu unseren Aussichten für die kommenden Jahre. Hannah, Lukas und Jerry wissen sehr wohl, dass wir, ihre Eltern, durchaus noch einige Zeit bis zur Rente haben – aber rein geistig haben sie uns schon lange zu Frühpensionären erklärt und aufs mentale Abstellgleis geschoben. »Was wissen die schon!«, lautet ihr Lieblingsspruch. Gut, ein paar Excel-Tabellen und die eine oder andere E-Mail, das trauen sie uns vielleicht noch zu. Aber dann ist Schluss.

Eltern haben gefälligst null Ahnung zu haben von all dem, was wirklich wichtig ist, also Fragen wie: Wo war doch gleich noch mal das zensierte Video von Katy Perry in der Sesamstraße – auf *YouTube,* auf *Myspace* oder doch bei *Vids2go?* Wer steht auf Platz 14 der On-air-Charts? Mit welchen *moves* überrascht der Skater-King auf MTV nächste Woche? Und was passiert mit dem kiffenden Halbbruder der mega-zickigen DSDS-Verliererin von letzter Woche? Antworten hierauf gibt es im Internet und ... genau: im Uraltmedium Fernsehen. Ein echtes Unikum, denn obwohl es dieses Medium schon seit fast 60 Jahren in Deutschland gibt, besitzt es immer noch hohe Attraktivität. Was ja wohl kaum am Programm liegen kann. Oder doch?

Nehmen wir eine typische Situation: In der Wohnung ist es verdächtig ruhig, obwohl alle drei Kinder zu Hause sind. Also nichts wie ab zum Kontrollgang. Die Kinderzimmer – leer. Die Küche – niemand da. Also ins Wohnzimmer. Und da sind sie. Einträchtig und friedlich vereint vor dem elektronischen Lagerfeuer unserer Zeit, dem

Fernseher. Es ist kurz nach 16 Uhr. Frage also: *Muss* man da fernsehen? *Darf* man da fernsehen?

Zugegeben, keine weltbewegende Frage, jedenfalls nicht außerhalb unseres familiären Mikrokosmos. Aber wieso müssen ausgerechnet unsere Kinder dieser ständigen Verfügbarkeit, dem nur einen Knopfdruck entfernten Programmgewimmel erliegen? Was genau macht den Reiz für junge Menschen aus? Und vor allem: Was kommt denn um Himmels willen kurz nach 16 Uhr schon groß in der Flimmerkiste?

Hier das übliche Angebot eines ganz normalen werktäglichen Nachmittags (die Reihenfolge der Kanäle entspricht dem Beliebtheitsranking unserer Kinder):

| | |
|---|---|
| Sport1: | »Poker after Dark« |
| DMAX | »L. A. Ink – Tattoos fürs Leben« |
| MTV | »Disaster Date« |
| VIVA | »The Girls of the Playboy Mansion« |
| Pro7 | »We are Family! – So lebt Deutschland« |
| Eurosport | »Biathlon – WM-Highlights« |
| RTL | »Die Schulermittler« |
| RTL2 | »Der Promi-Trödeltrupp« |
| SAT.1 | »Niedrig und Kuhnt – Kommissare ermitteln« |
| KI.KA | »Caspers Gruselschule« |

Vermisst irgendjemand bei dieser Aufzählung vielleicht 3sat, Das Erste, ZDF, Phoenix und die Dritten der ARD? Richtig, sie fehlen. Alle. Völlig zu Recht, finden unsere Kinder. Denn »das Programm von denen hältst du ja im

Kopf nicht aus«. Gemeint sind TV-Besuche im Zoo, Quiz und Kaffeeklatsch-Allerweltsmagazine, die keine Chance haben gegen kalifornische Körperstecher, Bikini-Blondies mit aufgedrehten Haaren und noch höher aufgedrehter Stimmlage oder seltsame Typen, die stundenlang bewegungslos am Tisch sitzen und bunte Spielkarten umherschieben.

Und wieder ist ein Vortrag notwendig.

»Oh Mann Kinder, euch fällt aber auch nichts anderes ein, oder? Draußen ist es so schön!«

Natürlich springen sofort alle Kinder auf und stürmen los, um in freier Natur Fußball zu spielen oder zu einem Waldspaziergang aufzubrech ... nein, das tun sie eben nicht! Sie zischen uns vielmehr ein halblautes »Ruhig! Ist gerade spannend!« zu, nur um sofort wieder in totale Ignoranz und Apathie zu verfallen. Vergessen die goldenen Zeiten, als ein analoger Harry Potter in Buchform noch stundenlanges, idyllisches Vorlesen auf dem Bett auslöste; als man Lukas und seinen Freunden noch mit einer Partie »Mensch ärgere dich nicht« etwas Gutes tun konnte; und als Hannah ihre Clique zum lustigen Kochen einlud. Okay, gekocht wird heute auch noch, aber dazu muss man sich gemeinsam mindestens sechs, sieben Sendungen mit Alfons Schuhbeck oder Johann Lafer reinziehen, um die notwendigen Impulse zu bekommen.

## Die Bildungsfernen – ach so nah!

Wenn die Bilder flimmern, ist die Welt in Ordnung. Die eigene jedenfalls. Denn in der Zauberkiste ist nichts in Ordnung. Da fliegen die Fetzen, in Köln-Ehrenfeld, Berlin-Köpenick oder Gelsenkirchen-Scholven. Vater trinkt, Mutter ist krank, Kind schwänzt die Schule, Katze lahmt, und alle zusammen wollen abnehmen. Oder ein Haus bauen. Oder sich neu stylen. Oder eine Affäre anfangen. Oder auswandern, weil sie hier keiner vermisst und in der Ferne keiner erwartet. Hauptsache, wir dürfen dabei sein – und unsere Kinder auch. Eine Nabelschau mit ganz besonderem Reiz bahnt sich da jeden Nachmittag den Weg ins Wohnzimmer. Wobei wir gelernt haben: ernst genommen wird diese Form von *gescripteter reality* keineswegs! Unsere Kids lachen sich scheckig, wenn wieder einmal der Lebens-Make-up-Schulden-Styling-Do-it-yourself-Urlaubs-Hygiene-Ernährungs-Auswanderungs-Berater bei den uns ach so nahen bildungsfernen Schichten loslegt. *Couch Potato meets Personal Coach* – so sieht sie aus, die neue Form des *Family Entertainments*.

Um hier eines klarzustellen: Wir lieben Regeln und Verbote, wir sind Fans von Regeln und Verboten. Das sieht so aus: Tagsüber wird kein, in Worten: KEIN Fernsehen geguckt. Abends in der Woche ein, zwei Sendungen, verteilt auf fünf Tage, am Wochenende auch mal etwas mehr. Alles, was flimmert, fällt unter die Regel: Wer PC spielt, hat seine Fernsehzeit verbraucht. Wer *Nintendo* spielt, auch. Das hat einige Jahre gut geklappt. Wenn auch mit einigen Lügen, viel Geschrei und ewigen Moralpredigten (ab und an hat die Mutter auch mal, wenn der PC so gar nicht heruntergefahren wurde, kurzerhand den Stecker gezogen, was das Verhältnis zu den Kindern kurzfristig abkühlen ließ).

Was waren das für goldene Zeiten, als man sich innerfamiliär noch an diese aufwändig ausgehandelten TV-Kontingentzeiten hielt. Die Großen schauten hier und da eine halbe Stunde am Tag, am Wochenende nach Wunsch und Laune, aber auch nur in Maßen, Ausnahmen lediglich zu Großereignissen wie »Wer wird Millionär?« (»Da lernt ihr was!«) oder Fußball-Schlagerspielen (»Der Papa will's auch sehen!«). Auch Fernsehen will gelernt sein, dachten wir. Und was haben wir gelernt? Dass auch die besten Regeln und Prinzipien ein Verfallsdatum haben. Immerhin, eine Regel hat tapfer bis heute durchgehalten. Kein eigener Fernseher und kein eigener Computer im Zimmer! Mag der real existierende Sozialismus mit der DDR untergegangen sein, bei uns hat er noch eine Chance – am Gemeinschafts-PC im zweiten Stock!

Aber einem 17-Jährigen oder einer 18-Jährigen zu sagen, sie mögen abends bitte nicht mehr so lange gucken, während die betagten Eltern nach den »Tagesthemen« ins Bett wanken, hat wenig Effekt. Der Sohn sagt »Passt schon« (der zweitplatzierte Satz in unserer Familie, was die Häufigkeit seiner Nutzung angeht), und schaut weiter. Steht aber dennoch am nächsten Morgen um sechs auf, um zum Schulbus zu gehen. Dort werden dann Hausaufgaben gemacht, die am Vortag nicht erledigt wurden, denn da hatte man ja Besseres zu tun. Nämlich: nachmittags, wenn die Eltern arbeiten, PC spielen. Das ist, siehe oben, verboten. Aber wer lässt sich schon was verbieten, wenn keiner guckt?

## Facebook – das moderne Poesiealbum

Für Lukas führt die Treppe zum zweiten Stock in eine andere, eine bessere Welt: die Welt von *World of Warcraft*. Seit nunmehr drei Jahren spielt er *WoW* – nicht regelmäßig, aber auch nicht gerade selten. Man sollte meinen, dass er mit seinen 17 Jahren diesem digitalen Dorado der grellen Monster, Herrscher und Kämpfer allmählich entwachsen sein könnte – ist er aber nicht. Nach wie vor faszinieren die ewig gleichen Spielaktionen, das Einhämmern auf die Tastatur und das unglaublich komplexe Regelwerk. Wobei der Deal mit Lukas immer klar war: keine Ego-Shooter, keine Gewaltspiele mit Blut und Toten, keine Raubkopien oder illegalen Downloads. Der PC wird regelmäßig daraufhin kontrolliert. Wie gesagt, wir glauben an Regeln und sind der Meinung, die mediale Emanzipation unserer Kinder hat Grenzen.

Unsere Kontrollmöglichkeiten haben allerdings auch Grenzen, leider. Und wir bekommen bis heute keine Antwort auf die Frage, was denn so faszinierend an PC-Spielen ist – außer einem »Das versteht ihr nicht!«. Kommt einem doch irgendwie bekannt vor, der Satz. Zu Lukas' Ehrenrettung sei angefügt: er spielt auch Volleyball, E-Gitarre, Fußball, Mau-Mau und bei seinen Kumpels gerne den großen Zampano. Bei seinen Eltern dagegen mimt er vorzugsweise den armen, kleinen, unterprivilegierten und unterbezahlten Zweitgeborenen – das vernachlässigte Sandwich-Kind zwischen dem Wunschkind Tochter und dem Nesthäkchen Jerry. Wobei wir vermuten, es lebt sich gar nicht so schlecht zwischen den beiden Brothälften eines Sandwichs, so mittendrin im prallen Schinken und Speck des Lebens.

Apropos Schinken und Speck. Wir müssen noch die Angelegenheit mit den »guten Freunden« von Hannah klären. Wie schützt man also sein eigen Fleisch und Blut vor 843 Typen, in Mehrzahl auch noch Jungs, die doch bestimmt alle nur das eine wollen? Macht man ihnen in Einzelgesprächen klar, was geht und nicht geht? Veranstaltet man ein Casting, bei dem man den Dieter Bohlen gibt und einen nach dem anderen rauskickt (»Also weißte, so wie du hier antanzt, da hat ja meine Uroma noch mehr Charité oder wie das heißt!«). Oder macht man seiner Tochter lieber klar, dass Mama und Papa sich das alles anders vorgestellt haben mit ihr und ihrem Lebensglück und dass es nach einer Pleite mit dem einen Freund doch nicht gleich ausufern muss, und dass …

STOPP! Kommando zurück, alles ganz anders. Die 843 guten Freunde gibt es – aber natürlich nur virtuell. Im Internet, auf *Facebook,* dem sozialen Netzwerk. Dort leben sie, fein säuberlich registriert, als digitale Kopien aus dem wirklichen Leben, von echten Freunden. Man sammelt sie wie Panini-Bildchen, klebt sie quasi in sein elektronisches Poesiealbum und kann sie so rund um die Uhr abrufen, samt all ihren Vorlieben, Fotos und Kumpels.

»Und wie wird man jetzt so ein ›guter Freund‹? Per Mausklick?«

»Quatsch, Papa. Ich muss jedem einzeln zustimmen, ist doch logisch.«

Als verständnisloses Wesen vom anderen Stern freut man sich, dass einem die Tochter an dieser Stelle nur ein »logisch« und nicht das beliebte »porno« oder »endskrass« oder »sonstwie-irgendwie-was-weiß-ich« zumutet. Mit »logisch« kommt man auch als 50plus-Erziehungsberechtigter weiter, als Lateiner sowieso.

»Und wie kommt man dazu, 843 Mal zuzustimmen?«

»Mensch Pa, ist doch voll doppel-logisch! Du chattest und postest so rum, und plötzlich messaget einer, den du aus dem *first life* kennst, und der fragt, ob er dein Freund sein kann. Und dann sagst du Ja und klickst den *Like Button* an und fertig!« »Und du kennst die wirklich alle?«

»Du, ich habe mit jedem schon geredet!«

Die eigene Tochter, das unbekannte Wesen. Redet mit 843 Leuten – und wir bekommen nichts mit. Außer ihrer stundenlangen Abwesenheit, einsam und alleine vor dem Monitor des heimischen PCs mit der kostensparenden, aber eben auch höchst problematischen Home-Flatrate. Während wir Eltern froh sind, dass wir in den letzten Monaten *nicht* mit insgesamt 843 Leuten reden mussten, »Freunden« zumal, feiert Hannah eine Eroberung nach der anderen.

Unter Beobachtung, ständig und immer.

Was, bitteschön, hat Mark E. Zuckerberg, den Gründer von *Facebook*, damals im Jahr 2004 eigentlich geritten, neu hinzugewonnene Chatpartner unbedingt als »Freunde« klassifizieren zu müssen? Kannte er denn nicht die bis dato gängige, weltweit gültige Definition des

Begriffs »gute Freunde«, für die einzig und allein unser aller Fußballkaiser, der Franz Beckenbauer, zuständig war? Gesungen hat er damals seine Botschaft rübergebracht – okay, nicht gerade erregt und aus vollem Hals, aber doch unvergesslich eindrucksvoll. Hier noch einmal der aufwühlende Text des Liedes von 1966:

> *Gute Freunde kann niemand trennen*
> *Gute Freunde sind nie allein*
> *Weil sie eines im Leben können*
> *Füreinander da zu sein*
>
> *Lass doch die andern reden*
> *Was kann uns schon geschehn*
> *Wir werden heut und morgen*
> *Nicht auseinandergehn*
>
> *Glück kannst du leicht ertragen*
> *Wenn dir die Sonne scheint*
> *Aber in schweren Tagen*
> *Da brauchst du einen Freund*

Wir wissen nicht, ob Hannah die Zeile »Lass doch die andern reden/was kann uns schon geschehn« als für sie durchaus zutreffend empfindet. Fakt ist jedenfalls, dass man gute Freunde nur mit einer einzigen Methode trennen kann – man muss das WLAN ausschalten. Und Fakt ist auch, dass gute Freunde nicht nur viel miteinander reden, sondern auch viel zeigen – auf *Facebook*, auf *Myspace*, auf eigenen Homepages und per Handy. Man stellt sich nicht *an*, nein, man stellt sich *aus*. Charly beim Rauchen, Eva mit Holger, Holger mit Rolf, Kati nach dem Essen, Kati vor dem Essen, Kati beim Essen, Carla beim Shoppen ... und viel nackte Haut. Aber dazu später. Nichts bleibt unerwähnt, alles unter Beobachtung, ständig und immer. Wozu auf den Wagen von *Googles* »Street View« warten, wo man doch alles schon selber fotografieren kann!

Interessant ist auch, wie heute die Einladung zu einer Party abläuft. Was bei uns einst mit einem Telefon-Rundruf in zehn Minuten erledigt war (inklusive den spontanen Zusagen von allen), das benötigt heute deutlich mehr Aufwand. Da wird x-mal gepostet, eine SMS an alle geschrieben, also 160 Mal mit dem Daumen Buchstaben ins Handy gedrückt, hin und her gemailt, gecheckt, wer alles kommt oder nicht kommt oder dann doch kommt und dann auch noch sieben nicht eingeladene Leute mitbringt, gemailt, gesimst und angerufen, bis die Telekommunikationsmittel rauchen. Und dann? Dann wird kurzfristig doch noch abgesagt, weil sich etwas Besseres gefunden hat; oder auch nicht abgesagt und trotzdem nicht gekommen.

Und was passiert auf so einer Party? Relativ wenig. Rumstehen, trinken, quatschen und, wenn's ganz gut läuft, noch zwei oder drei DVDs gucken. Aber das alles wird hundertfach fotografiert und sofort als JPG verschickt, am nächsten Tag gepostet und gemailt und gesimst und gesammelt und kommentiert. Toll war's, sollen die glauben, die nicht da waren. Und super war's für alle anderen, die auf der Party selbst nicht mitbekommen haben, wie toll es war. Also nur viel Lärm um nichts? Klar, aber schöner Lärm.

Auch Jerry hat mit seinen elf Jahren das Internet schon für sich entdeckt. Und dort vor Kurzem auch seinen gleichaltrigen Kumpel Nick. Der Nachbarssohn präsentiert sich nämlich auf einer eigenen Site mit nacktem Oberkörper und frechem Blick, als eine Art mega-cooler Vorschul-Bushido. Internetpräsenz hat offenbar ihre eigenen Regeln. Und die Regel Nummer eins im Zeitalter des World Wide Web lautet nun mal: Nur was im Netz zu sehen ist, ist wahr. Nur wer sich in der virtuellen Welt seinen virtuellen Bewunderern präsentieren kann, wird gesehen. Ich chatte, also bin ich. Und nur wer online ist, ist nicht tot.

Harmloses Indiz dafür sind eben gerade die millionenfach verbreiteten persönlichen Webseiten von Kindern, die noch nicht mal genug Biografie haben, um ein halbes Blatt Papier mit Lebensdaten füllen zu können. Und ein weiterer Beleg: der anwachsende Kommunikationslärm im Netz aus Chatrooms und sozialen Netzwerken, in denen man am Leben der anderen teilnehmen kann. Selbst wenn man sie gar nicht kennt. Die Grenzen verschwimmen – von der guten alten »Versteckten Kamera« ist der Weg kurz gewesen zur Selbstdarstellung und zur Entblößung Fremder im Netz.

Die Reaktionen, die Nick und sein formatfüllendes Bild als Nachwuchs-Pin-up-Boy bei uns zu Hause auslöste, waren jedenfalls sehr unterschiedlich. Jerry fand den Poser mit Konfektionsgröße 164 eher lustig; Hannah lachte laut auf und regte sich dann darüber auf, dass wir uns –

natürlich! – wieder mal aufregten; und Lukas schaffte es erst gar nicht, den Blick von seinem Monitor abzuwenden, da er gerade auf Level sieben ein grün-schleimiges *WoW*-Monster für fünf Lebenspunkte in Luft auflösen musste.

## Verfügbar und verführbar

Der Anblick von zu viel Fleisch hat vor Kurzem auch im deutschen Hochadel zu Protest geführt. Stephanie Freifrau von und zu Guttenberg, geborene Gräfin von Bismarck-Schönhausen und Gattin unseres einstigen Bundesverteidigungsministers, erhob Einspruch. In ihrem Buch *Schaut nicht weg!* wirft sie ein kritisches Auge auf extrem sexualisierte Frauenbilder in unserer Gesellschaft. Dabei trifft der Bannstrahl etliche Protagonistinnen – von Heidi Klum mit ihren deutschen Model-Anwärterinnen über Rihanna, Madonna und Britney Spears bis hin zu Lady Gaga. Außerdem kritisierte sie auch die schnelle und freie Verfügbarkeit von Pornografie im Internet. Da ausgerechnet die *Bild*-Zeitung sich zur größten Fürsprecherin der Autorin machte, gab es natürlich sofort Prügel: vorne nackte Frauen in Farbe und hinten das freifrauliche Plädoyer dagegen.

Eine Debatte im Kollegenkreis der Mutter, allesamt ebenfalls Eltern pubertierender Kinder, führte zu der Erkenntnis, dass nacktes Fleisch in Clips und Videos nicht als Bedrohung angesehen wird. Zum einen nähmen die Kids die Inszenierungen weiblicher Stars in Latex und

Leder, um Stangen gewunden oder in Käfigen tanzend, nicht als sexuelle Provokation wahr, zum zweiten sei das doch nur selbstbestimmte Provokation. Mag sein, aber enthebt eine erfolgreiche Marketingidee den Urheber von seiner Verantwortung gegenüber der Zielgruppe, Jugendlichen und Minderjährigen? Ein Kollege aus dem Feuilleton verfasste einen Aufsatz, in dem er sinngemäß sagt, diese Musik-Clips, die nach Werbung für die Reeperbahn aussähen, nähmen doch nur Zitate aus der modernen Ästhetik einer neuen, freien Körperkultur auf und spielten mit diesen Zitaten. Das ist eine Überhöhung, der die Autoren dieses Buchs nicht folgen können, nicht als Journalisten und erst recht nicht als Eltern. Denn ihrer Meinung nach präsentiert sich so nur die immer gleiche Sexmaschinerie: Lüsternes weibliches Wesen bietet sich – egal, ob selbst- oder fremdinszeniert – als stets verfügbares und verführbares Objekt an. Von wegen moderne Ästhetik und kritisches Zitat! Was Lady Gaga & Co. da immer wieder mit großer Geste aus dem Grab der Massenkultur holen, ist nichts anderes als das ewig gleiche Klischee: Sex sells!

Unsere Kinder finden zwar die Erregung und die Abscheu ihrer Eltern spießig. Aber insgeheim schauen sie mit einer gewissen Ratlosigkeit auf eine mediale Welt voller Bling-Blings und *thongs* und nackter Weiber, die sie in den Bereich des modernen Märchens einordnen. Die Märchen, die sie kennen, waren zwar auch oft schaurig und voller seltsamer Gestalten – aber sie gingen auf wundersame Weise meist gut aus.

# MODERNER SECHSKAMPF

## Schulalltag – Wahn und Wirklichkeit

Gute Freunde von uns aus der Nachbargemeinde N. haben vier Kinder. Seit geraumer Zeit lagern sie eine teure Flasche Champagner kühl im Keller. Bald schon wird nämlich das jüngste ihrer Kinder die Schule abschließen, und für diesen großen Tag haben sich die Eltern vorbereitet: In der Nacht nach ihrer vierten und garantiert letzten Abiturfeier wollen sie sich im Schutz der Dunkelheit zur Schule schleichen, wilde Flüche ausstoßen, Freudentänze aufführen, Referate und Aufsätze aus den vergangenen Jahren als Opfergabe an den Schulgott verbrennen und dann zu guter Letzt den Champagner an der Hausecke des Schulgebäudes zerschellen lassen, so wie man ein Schiff tauft, das zu Wasser gelassen wird. Eine kuriose Idee, denn üblicherweise werden Schiffstaufen vorgenommen, um einem nagelneuen Boot von Anfang an allzeit gute Fahrt und immer eine Handbreit Wasser unterm Kiel zu wünschen. In diesem Falle aber ist die Schulkarriere der Kinder ja zu Ende. Warum also die ominöse Schultaufe zur nächtlichen Stunde mit Edel-Schaumwein und seltsamen Ritualen? »Weil wir nicht untergegangen sind«, sagt Vater W.

Wir hingegen werden noch einige Jahre lang am *morbus*

*scholae* leiden, an jener ominösen Krankheit, die regelmäßig Millionen von Eltern befällt. Nicht unterzugehen – das ist das einzige, das ultimative Ziel von Familien mit schulpflichtigem Nachwuchs. Was ein Glück, dass sich Familien nicht scheiden lassen können: Kinder von Eltern, Eltern von Kindern, sonst würde es jede Menge zerrütteter Familien geben, die sich am Schulalltag aufgerieben und voneinander entfremdet haben. Gibt es eigentlich Auffangheime für Eltern, die aus Verzweiflung über die schulische Leistung ihrer Kinder nachts verwirrt durch die Straßen laufen? Gibt es Statistiken, die belegen, wie viele Ehen leiden, weil sich Vater und Mutter über die Schule ihrer Kinder, über Lernerfolge, pädagogische Zwangsmaßnahmen, Disziplin oder schlechte Noten unrettbar zerstritten haben? Existieren fundierte Zahlen darüber, wie viele Eltern erst dann wieder zusammenfinden, wenn der tägliche Wahnsinn von Abfragen, Tests und Strafaufgaben, vergessenen Heften, ausgefallenen Schulstunden und seltsamen Lehrern vorbei ist? Weiß irgendjemand, wie viele gemeinsame Frühstücke und Mittagessen und Abendessen ausschließlich vom lautstarken Streit über die 5 in Mathe oder das vergessene Deutsch-Referat geprägt sind, als wenn es kein anderes Thema auf der Welt gäbe? Und gibt es andererseits Untersuchungen darüber, wie sehr der Spaß an einem tollen Schulkonzert oder einem fröhlichen Klassenausflug die Stimmung auch bei den mittelbaren Teilnehmern, den Eltern, aufhellt? Das muss alles einmal ausführlich wissenschaftlich geprüft werden.

Bis das geschieht, wollen wir im Rahmen einer persönlichen, qualitativen Studie unsere Erfahrungen auch anderen gequälten Familien mitteilen. Eltern, deren Kinder wahnsinnig gern zur Schule gehen, deren Kinder immer motiviert sind und die mit Leichtigkeit und Begeisterung nur gute Noten schreiben, sollten dieses Kapitel überspringen. Was folgt, sind Berichte aus einer anderen, einer etwas komplizierteren Welt.

Ach, eins noch: Bei uns gibt es da ein kleines Problem. Vater und Mutter sind, was die schulische Entwicklung ihrer Kinder angeht, in der Regel nicht einer Meinung. Besser gesagt: praktisch nie.

Die Mutter (also die derzeitige Autorin) findet, zur Erziehung gehörte, dass man Kinder zum Lernen zwingt, die Hausaufgaben kontrolliert, Vokabeln mit ihnen übt, Referate gegenliest, gute Ratschläge gibt und ab und zu die Lehrer kontaktiert, um zu prüfen, ob auch alles gut läuft. Mein Spitzname in dieser Familie lautet deshalb: Madame Kontroletti. Der Vater (Mister Lässig) sieht das, sagen wir mal, etwas lockerer. Und deshalb beginnt die Mutter, also ich, dieses Kapitel als Single-Autorin. In der Hoffnung, dass daraus nicht eines Tages eine Single-Mutter wird. Die innerfamiliäre Zerrüttung, die sich aus dem Schulalltag unserer Kinder ergeben hat, spiegelt sich nämlich, vorsichtig formuliert, auch in diesem Text wider.

Ist doch klar: Mister Lässig findet natürlich nicht, dass er die Dinge zu locker sieht, nein, er findet seine Haltung sogar pädagogisch zielführender. Er sagt, Pubertäter seien alt genug, um eigenverantwortlich zu handeln. Wer Alkohol trinken und Autofahren lernen, shoppen und allein in Urlaub fahren könne, der müsse auch gefälligst allein lernen können. Und, falls notwendig, den Preis für ein eventuelles Scheitern eben selbst zahlen. Ich glaube, dass diese Haltung schlichter väterlicher Bequemlichkeit entspringt. Meine Meinung ist und bleibt: Die Pubertäter sind süß und nett, wir lieben sie, aber sie sind leider oft zu naiv, um zu verstehen, dass der zweite Bildungsweg zwar möglich, aber zeitraubend ist. Und deshalb muss man Jugendliche zu ihrem Glück auch zwingen. Das ist der Job von Eltern: hart sein, dran bleiben, Zwang ausüben.

Jeder anständige Pädagoge wird sich an dieser Stelle an den Kopf fassen: Zwang auszuüben ist reaktionär und kontraproduktiv, es zerstört das gute, im Idealfall vertrauensvolle Verhältnis zwischen Eltern und Kindern.

*(Anmerkung vom männlichen Autor: Kluge Väter fassen sich hier auch an den Kopf.)*

Aber weiter mit den Pädagogen, die sagen: Kluge Eltern motivieren ihre Kinder freundschaftlich zum Lernen, wie es auch die Schule tun sollte. Kluge Eltern stärken ihre Kinder da, wo ihre Stärken sind, und stützen sie da, wo ihre Schwächen sind, wie es auch die Schule tun sollte. Kluge Eltern wissen, dass ein guter Schulabschluss nicht alles ist im Leben, dass Lebenserfahrung, Persönlichkeit, Individualität und innere Stärke wichtiger sind als gute Noten. Kluge Eltern bestärken ihre Kinder, wenn die sich von der Schule ab- und zum Leben hinwenden. Kluge Eltern vertrauen ihren Kindern.

Die hier argumentierende Mutter aber, die ist nicht klug, sie vertraut ihren Kindern – in schulischen Fragen zumindest – nur begrenzt. Denn sie weiß aus eigener Erfahrung, dass die Pubertät jene Phase ist, in der Lernen als Zumutung empfunden wird, weil es so viel Wichtigeres zu erleben gilt (Sex, Spaß, Freunde, Unabhängigkeit). Und in der die Zukunft als jene ferne, wabernde, nebulöse Zeit betrachtet wird, in der man vielleicht mal einen erfüllenden, interessanten Beruf haben will, für den man sich aber im Jetzt und Hier möglichst wenig anstrengen möchte. Alles noch so weit weg, wer denkt schon an übermorgen?

## Gute Noten? Nur was für Streber!

Eltern denken daran – und denken für ihre Kinder mit. Manchmal, aber nur sehr selten, sind die sogar dankbar dafür. Manchmal, wie gesagt. Doch der graue Alltag, er sieht anders aus. Tochter Hannah macht, was nötig ist, lernt ein, zwei Tage vor einem Test das, was auf ihren losen Blättern steht, liest, was ausgeteilt wurde. Interessiert sich, doch, durchaus. Weiß auch was. Hat oft sogar Spaß an der Schule. Aber ein bisschen mehr lernen als aufgegeben, vielleicht ein zwei zusätzliche Bücher lesen? »Müssen wir nicht.« Na dann … Die Noten sind okay, man ist ja dankbar, wenn das Kind ohne viel Stress durch die Schule kommt. Sohn Lukas stemmt sich alljährlich mit viel männlicher Lässigkeit (*polemische Frage der Mutter: Kommen hier die Gene des Vaters durch?*) gegen den Schulstress, findet Unterricht ätzend, Lernen überflüssig, Lehrer meist uninspiriert, komplexe Texte was für Hirnies, gute Noten was für Streber. Und manchmal, wenn auch sehr selten, verstehen wir ihn sogar. Wenn wir nicht gerade damit beschäftigt sind, ihm zu erklären, was passiert, wenn man zum zweiten Mal in derselben Klasse sitzen bleibt, und was ein Leben ohne Schulabschluss für Konsequenzen hat. Wobei es explizit nicht (!) hilfreich ist, dass der Vater dieser Kinder auch zweimal sitzen geblieben ist und keinen ordentlichen Studienabschluss hat. Seine Predigten gehen deshalb bisweilen ins Leere. Das dritte Kind, Sohn Jerry, ist, weil jung an Jahren, noch mäßig motiviert, Schule hat ihm noch nicht den Schneid abgekauft. Aber wir, die Eltern, sind zuversichtlich: Das ist nur eine Frage der Zeit.

Schule – das ist unser aller Thema. Nicht freiwillig, sondern notgedrungen. Ein klassisches Familienabendessen etwa sieht bei uns folgendermaßen aus (übrigens nicht unähnlich den Abendessen zahlreicher befreundeter Familien, die unser Schicksal teilen):

»Luki, hast du Sozialkunde gelernt?« (Mutter noch zuversichtlich.)

»Ach, habe ich vergessen. Aber ich komm morgen eh nicht dran. Kann ich mal die Butter haben?« (Sohn tut so, als sei ihm das egal.)

»Wieso denn nicht?« (Mutter reicht die Butter, ist bemüht, trotz aller Fragen nicht zu zeigen, dass sie genervt ist.)

»Nun stress doch nicht so rum. Außerdem kann ich's mir ja morgen im Bus noch anschauen. Haben wir noch Gurken?« (Sohn macht auf super cool.)

»Haben wir nicht. Und du hättest ja ausnahmsweise mal was tun können ...« (Mutter wird sauer.)

»Was geht dich das an? Ich kann selbst entscheiden,

was ich mache. Ich lasse mir von dir gar nichts sagen.«
(Sohn wird sauer.)

»Wie bitte? Du kannst selbst entscheiden, was du machst? Vielleicht kannst du ja dann selbst mal entscheiden, dein Geschirr in die Spülmaschine zu räumen und dein Badehandtuch aufzuhängen? Und deine Hausaufgaben zu machen und die Schule zu schaffen? Und dich um dein Leben zu kümmern, anstatt nur rumzuhängen? Und ... « (Mutter ist jetzt wirklich sauer und holt Luft, um weiter zu dozieren.)

»Mann, jetzt hält sie wieder Volksreden!« (Sohn grinst überheblich. Wumms. Tür zu. Sohn weg.)

»Mama, warum musst du immer so nerven? Immer dieser Leistungsdruck!« (Hannah nimmt ihren Bruder in Schutz, um davon abzulenken, dass sie in Bio nur 5 Punkte gekriegt hat. Wenn es gegen Lukas geht, ist sie fein raus.)

»Mom, übrigens, was ich vergessen habe zu sagen: Ich habe in Musik eine 2 für gute Mitarbeit bekommen.« (Jerry wird morgen korrigieren, dass es doch nur eine 3 war, und in einer Woche wird er unter Zwang damit herausrücken, dass er in Geschichte eine Strafaufgabe wegen Schwätzens bekommen hat.)

»Wieso lernst du eigentlich nicht mal mit deinen Kindern? Warum bleibt das immer an mir hängen? Du siehst doch, was dabei rauskommt, wenn ich zu wenig Zeit habe und nicht hinterher bin.« (Mutter pampt jetzt Vater an.)

»Jetzt geht es gegen mich, na super! Ich habe vielleicht selbst genug Arbeit? Und keine Lust, noch mal zur Schule zu gehen, indem ich mit meinen Kindern den Stoff durchmache, den ich schon damals gehasst habe!«

Vater geht ab.

Hannah geht auch ab.

Jerry geht mit.

Und Lukas geht ganz ab, er verlässt zehn Minuten später das Haus.

Der Vater, Mister Lässig, bleibt dabei: Wer nicht lernen will und an Wochenenden erst bis fünf Uhr morgens Party macht, dann bis zwei Uhr nachmittags schläft und anschließend Fernsehen schaut, anstatt die Lektüre für die Deutsch-Aufgabe zu lesen, der müsse eben Fünfen schreiben und sitzen bleiben oder aber abgehen und eine Lehrstelle suchen. Und wer abgehe, der müsse dann feststellen, dass es ziemlich ätzend sein kann für einen verwöhnten Milchbubi, relativ wenig zu verdienen als Azubi, wenig Freizeit und wenig Urlaub zu haben – anstrengender jedenfalls, als gemütlich halbtags im Klassenzimmer zu sitzen und gefühlte 20 Wochen Ferien im Jahr zu haben. Wobei er durchaus aus eigener Erinnerung weiß, dass die Schulzeit keineswegs die schönste Zeit im Leben sein muss. Andererseits, findet der Vater, könne es auch sehr viel spannender und interessanter sein, eine praktische Ausbildung zu machen, anstatt all diesen Käse im G8 zu lernen.

*(Anmerkung des männlichen Autorenparts: Das ist jetzt alles sehr verkürzt, andererseits habe ich selbst eine Mutter gehabt, die ähnlich dachte: sie wurde in meine alte Schule zitiert, weil ich mich, so die Klage des Direktors, mehr mit der Damenwelt als mit den Büchern beschäftigen würde. Worauf meine Mutter damals sehr lässig sagte: Na, echte Damen seien ja auch bisweilen interessanter als jede staubige Schullektüre. Der Apfel fällt also nicht weit vom Stamm.)*

Und was sagt die Mutter dazu, also ich? Die sagt nichts, sondern brüllt, dass man schließlich auch als Azubi etwas leisten müsse, dass es nicht auf die Ausbildung, sondern auf die innere Haltung und Sekundärtugenden ankomme – und dass der Vater offenbar schlicht keine Lust habe, Vokabeln abzuhören. Weshalb das Lernen mit den Kindern an der Mutter hängen bleibt. Und die schlechte Laune der Kinder auch. Wie gesagt, Schule zerrüttet Familien.

## Großhirn an Kleinsthirn

So weit, so schlecht. Nun sind die Kids selber ja nicht schuld an dem Dilemma, dass sie als Pubertäter die Bedeutung einer guten Ausbildung, die Relevanz guter Noten und die erhöhten Lebenschancen durch umfassende Bildung nicht erkennen können. Nein, es sind nur ihre Gehirne. Da ist sich die einschlägige Fachliteratur zum Thema »Pubertät« jedenfalls einig: Man darf nicht das eigene Kind für all das Ungemach verantwortlich machen, das es sich selbst zufügt. Mittlerweile ist bekannt, dass sich die Gehirne von Jugendlichen in einer langwierigen Umbauphase befinden, die man mit dem Streit um das Bahnhofsprojekt Stuttgart 21 vergleichen kann. 15 Jahre lang dauert die Vorbereitung, dann beginnen gleichzeitig Abriss, Neubau und Protest. Wissenschaftler haben belegt, dass jene Bereiche des Denkapparats, die Kurzzeitgedächtnis, Hemmungen und Impulssteuerung kontrollieren, noch nicht ausreichend entwickelt sind.

Der Gehirnforscher Chuck Nelson, der an der University of Minnesota am Institut für Kindliche Entwicklung arbeitet, hat aus der Vermessung von Gehirnen scheinbar banale Schlüsse gezogen: »Viele Teenager sehen einfach nicht, welche Folgen ihre Handlungen haben. Ihnen ist nicht klar, dass gute Schulnoten von Bedeutung für später sind. Wenn sie älter werden, begreifen sie das allmählich.« Das Problem sei daher der »Mythos des erwachsenen Kindes«, schreibt Barbara Strauch in ihrem klugen Buch *Warum sie so seltsam sind – Gehirnentwicklung bei Teenagern,* für das sie auch Chuck Nelson in den USA besuchte. »Wir sehen Jugendliche, die größer sind als wir – und glauben, sie müssten so handeln wie wir.« Ein Teenager nehme in vier bis fünf Jahren durchschnittlich 23 Kilo zu und wachse rund 30 Zentimeter, so Strauch. Am Ende dieses Wachstumsschubs »sieht der junge Mensch unter Umständen wie der Inbegriff von Reife aus. Aber das ist eine Illusion.«

Genau, eine Illusion. Deshalb müssen wir Eltern, um im Bild zu bleiben, nachhelfen, bis die Umbauphase überstanden ist und der Bahnhof steht. Über der Erde oder unter der Erde, also mit Lehre oder Abitur oder Abendschule ist dabei letztlich egal. Nur bei Abriss und Baustopp darf es nicht bleiben, finde ich.

*(Anmerkung des Vaters: Wo bleibt der Schlichter?)*

Eine externe Schlichtung gibt es nicht, hier daher eine Liste von Sätzen, mit denen sich in den eigenen vier Wänden mühelos innerhalb von Sekunden ein Streit über das Konfliktthema Nummer eins, die Schule, entfachen lässt:

- »Wieso ist denn schon wieder Deutsch ausgefallen? Ich glaube, ich rufe da mal an! Wie, lieber nicht anrufen? Nicht ausgefallen? Dachte ich es mir doch.«
- »Ihr habt seit zwölf Wochen das Thema für eure Facharbeit. Hast du schon angefangen?«
- »Letzte Woche habe ich dir doch 10 Euro für einen neuen Zirkel mitgegeben. Wo ist der denn?«
- »Also, wie kommt man mit zweimal 5 bei den Schulaufgaben und einer 4 minus beim Ausfragen locker auf eine Gesamtnote 4, hm?«
- »Das kenn ich doch alles. Hast du etwa für deine Geschichtshausarbeit alles nur von *hausarbeiten.de* abgekupfert?«
- »Wieso erfahre ich jetzt erst, dass ihr gestern Elternsprechtag hattet?«
- »Wann lernst du für Englisch? Was heißt, das hat locker Zeit bis nächste Woche? Nur zur Erinnerung: Die Prüfung ist morgen!«
- »Was heißt hier ›Schmeckt besser‹?! Ich geb' dir doch nicht jeden Tag ein Pausenbrot mit, damit du das gegen ein *Snickers* eintauschst!«
- »Gestern hieß es, die halbe Klasse hat einen Verweis bekommen. Heute kommt raus, dass nur du und Tim einen kassiert haben. Erklär' doch mal ...«
- »... und seit wann hast du diesen stechenden Schmerz auf den Bronchien? Zeig mir doch mal, wo die sind, die Bronchien!«
- »Das ist alles, was ihr zum Thema ›Weimarer Republik‹ wissen müsst?! Na super, damit kommst du bei Günther Jauch ja locker bis zur 100-Euro-Frage!«

Dabei kriegen wir durchaus mit, was, wo und wie unsere Kinder leiden. Denn der normale Schulalltag sieht bei uns – wie bei den meisten befreundeten Familien, die unser Schicksal teilen – etwa so aus: wenig Unterricht, viel Stundenausfall, wenig Transferwissen, dafür viel schematisches Lernen, Abfragen, Langeweile. Wobei wir uns, wohlgemerkt, im hochgelobten bayerischen Schulsystem befinden, das bei Pisa gut abschneidet, aber bei Persönlichkeitsentwicklung, Originalität, Querdenkertum oder intellektueller Frische abstinkt, von Mut zu pädagogischem Neuland ganz zu schweigen. Man muss das mögen – diese ständigen Extemporalen, in denen der Stoff der letzten Stunde abgefragt wird, das Lernen nach Schema F, Lehrbücher, die Stoff um Stoff in Häppchen servieren, selten mal ein Projekt, in dem über den Tellerrand geschaut wird. Das sind schlechte Erfahrungen genervter Eltern? Einzelfälle? Es gibt auch tolle Schulen, die Kindern die Liebe zum Lernen mitgeben? Nicht in unserem Leben.

## Ein Nobelpreis für tolle Lehrer

Eltern erwischen sich wieder und wieder bei Ungläubigkeit, Empörung, Ratlosigkeit. Und natürlich bei überschäumender Dankbarkeit für die zahlenmäßig allerdings selteneren Exemplare positiver Vorbilder, toller Pädagogen. Sie sind es, die das Projekt Schule immer wieder rausreißen und Familien retten. Eigentlich müsste es einen Bildungsnobelpreis für engagierte, fröhliche Lehrer geben.

Und die Kinder? Die finden interessanterweise freundliche, faire, aber durchaus autoritäre Lehrer besser als nette Schlappis, die sich nicht durchsetzen können. Die Mutter, also ich, sieht sich hier bestätigt: freundlich, aber autoritär – wenn Kinder das bei Lehrern gut finden, warum dann nicht bei Eltern?

Mister Lässig findet übrigens, freundlich und autoritär seien Widersprüche. Vielleicht mag er einfach das Gefühl, dass seine Kinder ihn netter finden, weil er keine Vokabeln abhört?

*(Anmerkung des kritisierten Vaters: Stimmt gar nicht, ich übe dafür manchmal Mathe, und das nervt noch mehr als Vokabeln. Allerdings, zugegeben: Der Großteil des Mathe-Lernens ist an einen Nachhilfelehrer delegiert, der in der Suada der Mutter bisher noch nicht vorkam. Nachhilfelehrer sind bisweilen die einzige, wenn auch verdammt teure und daher elitäre Lösung: Kinder und Eltern können manchmal nur deshalb in friedlicher Koexistenz leben, weil die Kampfzone auf Dritte ausgeweitet ist.)*

Debatten wie diese legen ein Dilemma bloß. Der Vater hat eine, wie schon erwähnt, andere Schulbiografie als die Mutter. Die aber prägt das Bild von Schule und das Verständnis für die eigenen Kinder. In seinem Fall waren das mehrmalige Schulwechsel mit Endstation Internat, Massenschlafsaal, Ausgehverbote und Dauer-Abos auf Fünfer in Latein und Musik. Für den Vater ist Schule verbunden mit dem Diebstahl teurer Lebenszeit, seltenen Erfolgserlebnissen und dem permanenten Versuch, sich zu drücken, wo es ging. Für mich war Schule eine glückliche Zeit voller Herausforderungen, netter Lehrer, toller Klassenfahrten, täglichen Neulands. Deshalb fällt es mir so schwer zu verstehen, warum fast jeden Morgen die Frage gestellt wird: »Mama, muss ich zur Schule? Kann ich nicht einmal krank sein?«

Der legendäre Schweizer Entwicklungspsychologe Remo Largo findet generell, Eltern übten viel zu viel Druck auf ihre Kinder aus (da mag er recht haben), sie litten selbst unter Abstiegsängsten und übertrügen diese auf ihren Nachwuchs (da mag er ebenfalls recht haben), sie kompensierten ihren eigenen Schulfrust (und auch da hat er sicher recht). Seine Schlussfolgerung: »Das Wichtigste ist, dass sich die Eltern konsequent auf die Seite des Kindes stellen und ihm das Gefühl geben: Du bist gut so, wie du bist.« (Versuchen wir.) »Wir wissen, dass du dich so gut wie möglich bemühst.« (Bezweifeln wir.) »Wir lassen dich unter keinen Umständen im Stich.« (Versprechen wir, bis auf Weiteres.)

Die Fronten sind also klar: Madame Kontroletti gegen drei genervte Jugendliche; daneben ein Vater, der sich emotional mit seinen Kindern solidarisiert, aber seine Frau anstandshalber nicht ganz im Regen stehen lassen will. Eine typische Szene am Abendbrottisch läuft daher wie folgt ab: Lukas kommt von der Schule heim. Das Gefechtsgebiet, die Küche, ist bereits von Vater und Mutter besetzt. Der 17-Jährige wirft zuerst seinen Schulrucksack in die Ecke, die Winterjacke aufs Schuhregal, dann wäscht er sich nicht die Hände, räumt seine Schuhe nicht auf und geht schließlich nach einem kurzen »Hi!« in die Küche. Dort trollt er sich zum Kühlschrank, um sich das obligatorische After-School-Wurstbrot zu schmieren. In der Schule gibt es zwar Essen, aber das reicht nie. Es gibt bald Abendbrot, aber das ist zu lang hin. Die Brotkrümel werden nicht weggewischt, die Salami wird nicht in den Eisschrank zurückgelegt. Die Botschaft: Kein Stress, Mann, seid nicht so pingelig!

Nun folgt Part 1 der strategischen Kriegsführung: Die Aufklärung.

»Na, wie war's denn?«

Klingt wie eine harmlose, unschuldige Frage, ist es aber nicht. Denn wenn Eltern fragen, wie es tagsüber war, erwarten sie nichts weniger als einen vollständigen Faktenreport über die Heldentaten oder Fehlleistungen der zurückliegenden zehn Stunden. Und was bekommen sie stattdessen?

»Passt schon!«, tönt es von jenseits der geöffneten Kühlschranktür. Ob die frostigen Temperaturen, die sich schlagartig im Raum verteilen, aus dem Kühlfach oder aus der Seele des Sohnes kriechen, bleibt fraglich. Jetzt heißt es: Nur nicht aufgeben!

»Erzähl doch mal endlich: wie war's?«

»Was soll schon sein?«

Gute Frage eigentlich, aber wenn man die Antwort darauf wüsste, hätte man sich ja erst gar nicht erkundigen müssen. Doch zum Teufel mit der Logik, hier geht's um Pädagogik!

»Na, is' was passiert?« Dritter Versuch im Guten.

»Nöö!«

Aha.

»Und, gab's was Besonderes?«

»Oh Mann, immer diese Fragerei!«

Mögliche weitere Satzfragmente werden von einem Salamibrot gnadenlos zurück in die Kehle getrieben. Das Gespräch ist von der Gegenseite offensichtlich für beendet erklärt worden. Doch liebende Eltern wären weder liebend noch Eltern, wenn sie jetzt aufgäben. Folgt also Part 2: Der Angriff.

»Habt ihr Latein zurückbekommen?«

Kauendes Kopfschütteln.

»Und die Erdkunde-Ex?«

Der Sohn entpuppt sich als personifiziertes wiederkäuendes Kopfschütteln.

»Ausgefragt worden?«

Man sieht ihm förmlich an, dass er am liebsten »Ja, jetzt gerade!« antworten würde, aber auch da ist das Salamibrot davor.

Okay, Eltern können auch anders. Part 3: Die erzwungene Kapitulation.

»Das gibt's doch gar nicht, dass ihr immer wochenlang Schulaufgaben nicht zurückbekommt!«

Wenn wir jetzt Glück haben, streckt unser Sohn die Waffen, holt seinen Rucksack und zieht mit fettigen Fingern eine schon völlig verknitterte Latein-Schulaufgabe hervor, auf der mit roter Tinte eine 5 aufgemalt ist. Natürlich eine 5 plus, fast schon eine 4 sozusagen, mit deutlicher Tendenz zur 3. Oder, auch das ist möglich, er zieht triumphierend eine 3 heraus, weil er schon immer wusste, dass er eigentlich hochbegabt ist, und dies ist der Beweis. Weshalb dann erst mal eine Woche lang nicht mehr gelernt wird. Hochbegabten fliegt ja bekanntlich alles zu.

Wenn wir Pech haben – und dies ist der Regelfall! –, zieht er jedoch wortlos von dannen Richtung Badezimmer oder PC. Wir werden dann erst Wochen später über drei Ecken erfahren, dass er die beste 5 in der Geschichte dieses Gymnasiums geschrieben hat, sozusagen eine Meisterleistung in der Disziplin des modernen Fünfkampfs.

Und wenn wir ganz viel Pech haben – und auch das kommt vor! –, wird es exakt diese 5 sein, die der Mutter dieses Sohnes den letzten Schlaf rauben wird, da mit ihr (der 5, wohlgemerkt!) die heiße Phase des zweiten Halbjahrs eingeläutet wird. Schafft er's, oder schafft er's nicht? Wird der Lateinlehrer beim alles entscheidenden Ausfragen ein Auge zukneifen oder nicht? Kann er mit der allerletzten Geschichts-Ex noch alles herumreißen oder nicht? Und wird die Lehrerkonferenz den Daumen senken oder heben? Ach, wie schön könnte das Leben ohne Schule sein – für die Eltern, wohlgemerkt.

*Einspruch, Euer Ehren! Hier meldet sich der Vater zu Wort, und zwar mit einem kleinen kulturpessimistischen Traktat:*

*Selbst wenn es stimmt, dass Kinder gerne übertreiben und alles zuspitzen, wenn auch nur die Hälfte dessen stimmt, was die Kinder aus und von ihrer Schule berichten, dann ... ja dann hat sich im Grunde nicht viel geändert seit meiner Schulzeit vor einem halben Jahrhundert. Es gibt neuen, vor allem umfangreicheren Lernstoff als damals, aber es gibt immer noch die alten Methoden und den »alten« Typus Lehrer. Und, auch das ist die Wahrheit, es gibt den alten Elterntypus. Nämlich mich.*

*Ich erlebe unser Zuhause oft als zweites Klassenzimmer unserer Kinder. Auch hier diktiert Stress wegen der Hausauf-*

gaben, des Lernpensums und des Notendrucks unser tägliches Leben. Nach sechs, sieben, acht Stunden in der Schulbank wartet auf unsere Kinder kein Zuhause, sondern nur eine weitere Schulbank: der eigene Schreibtisch! Und die zweite Hälfte des Tages geht für Büffeln, Nachlernen und Vorbereiten drauf. Spitzenmanager würden für ein derartiges Arbeitspensum sofort Zulagen und weitere Aktienoptionen fordern.

Es gibt nur zwei Möglichkeiten: Mitmachen oder Aussteigen. Und beides bereitet Stress. Ich bin aber nicht bereit, zu Hause Schule zu spielen, meine Kinder zu zwingen, zu scheuchen, zu kontrollieren, zu enervieren. Wenn sie diese Maschinerie nicht mögen, weil sie, wie es so schön heißt, keine intrinsische Motivation aufbringen für ein Einser-Abitur, und wenn sie lieber aussteigen, jobben, das Leben lernen wollen, sollen sie das tun. Ändern sie später ihre Meinung und sehnen sich nach mehr Bildung, dann stehen ihnen viele Wege frei. Zugegeben, das dauert, das ist teuer, manchmal lästig, aber dann ist es gewollt. Und wer im Leben anderes wichtig findet als Homer, Parabeln, den Wiener Kongress oder die Photosynthese, der kann trotzdem ein glücklicher Mensch werden.

Diese Zwischenrede dürfte vielen Kindern gefallen. All den vielen, vielen Kindern, die fröhlich sind, durchschnittlich intelligent, mit durchschnittlichen Leistungen, aber ohne großen Ehrgeiz, ausgestattet mit vielen Sonderbegabungen.

Sonderbegabung – das heißt, dass man einiges kann, und vieles nicht. Man kann eventuell einigermaßen gut Aufsätze schreiben und einen Ball in ein Tor werfen. Aber dafür kein Mathe, fast kein Chemie, mäßig gut Biologie, nur wenig Latein, schlecht Französisch, man kann keine regelmäßigen Hausaufgaben und keine aufmerksame mündliche Teilnahme. Man kann zwar super gut hundert Mal den Satz schreiben: »Ich soll im Unterricht nicht schwätzen«, man kann heimlich auf dem Schulhof rauchen und sich seine Entschuldigungen selbst schreiben, man kann blaue Briefe von der Schule verschwinden lassen und Benachrichtigungen besorgter Lehrer verlieren, aber man kann nicht oder nur ungern: Referate pünktlich abgeben, sich regelmäßig auf den Unterricht vorbereiten und während der Stunde super aufpassen. Auch unsere Kinder haben solche Sonderbegabungen. Das führt in Zeugnissen zu der Bemerkung: »Lukas (oder wahlweise auch Hannah oder Jerry) lässt sich gern ablenken.« Oder: »Jerry/Hannah/Lukas arbeitet nicht sorgfältig genug.«

Die Alternative zu »keine Schule« oder »tolle Schule« wäre eventuell: hochbegabte, ehrgeizige, fleißige Kinder. Andere Leute haben solche Kinder – hochbegabte, erfolgreiche Kinder. Die Kinder dieser Menschen, die selbst talentiert, erfolgreich, zielstrebig, gewinnorientiert sind, brauchen keine Nachhilfe, sie siegen stattdessen bei der Mathematik-Olympiade, bei Jugend forscht oder Jugend musiziert. Sie kommen mit fünf in die Schule, weil sie schon so reif und so weit sind, sie gehen schon mit zehn Jahren allein für Sprachkurse ins Ausland, sie interessieren sich für ägyptische Kunst und für die Architektur des Mittelalters. Sie bekommen Stipendien, gehen auf britische Eliteinternate und haben eine 1 vor dem Komma im Abiturzeugnis. Und nicht alle diese Kids sind »Projekt-Kinder«, also wohlgeratene Ergebnisse intensiven Engagements ehrgeiziger Eltern, die ihre Kinder frühfördern, mit fünf in die Oper und mit sieben an die Uni schicken, die ihnen eine Stunde Geige pro Tag und Wochenendkurse in abendländischer Philosophie abfordern. Bei manchen Kindern klappt das mit dem Talent, dem Erfolg und dem Lernspaß auch ganz von allein. Erstaunlich. Aber wahr.

## Von einem anderen Stern

Überhaupt, die Kinder dieser anderen! Sie wissen schon früh, was sie werden wollen, so wie jene Jugendlichen, die sich in der *Süddeutschen Zeitung* vor dem doppelten Abiturjahrgang 2011 unter der schönen Überschrift »Denn sie wissen, was sie wollen« (ach, beneidenswerte Eltern dieser jungen Menschen!) optimistisch und aufgeschlossen äußern. Der 18-jährige Dominik Fuchs lässt sich zitieren mit dem bestaunenswerten Statement: »Ich möchte nach dem Bachelor einen Master in Agrarwissenschaften mit dem Schwerpunkt Nachwachsende Rohstoffe machen. Biotreibstoffe wie Rapsdiesel sind ein großes Zukunftsthema, genauso wie Holzpellets. Der doppelte Abiturjahrgang im kommenden Jahr macht mir etwas Sorgen, deshalb möchte ich einen guten Schnitt im Abitur haben.« Maximilian Leeb, 19, kündigt an, er wolle »Technologie- und Managementorientierte Betriebswirtschaft an der TU München studieren«, diese sei eine der besten Unis der Welt. Besonders interessiere ihn der praktische Bezug, aber vorher wolle er noch in Auslandspraktika Erfahrungen sammeln … Und Jessica Eisner, junge, aber zielstrebige 16 Jahre alt, will einen Master in Pferdewirt-schaft machen; sie interessiert sich für die Bachelorstu-diengänge Agrarwissenschaften und Biotechnologie, Che-mie macht ihr besonders viel Spaß. Das *studium naturale*, eine neue Ausrichtung mit Schnupperkurs für Naturwis-senschaftler, braucht sie nicht, denn »ich weiß schon, was ich will«. Diese Interviews wimmeln von guten Noten und gutem Willen. Und sie zeigen, dass es Kids gibt, die brennen für das, was sie tun. Und schon mit 16 wissen, was sie werden und wie sie das werden wollen.

Der Vater nimmt übrigens bei der neidvollen Schilde-rung solcher frühentwickelten, geradlinig geplanten Kar-rieren durch Madame Kontroletti in der Regel seine eigenen Kinder in Schutz und fällt in einer kurzen, aber heftigen Rede über all jene her, die das Leben etwas sport-licher sehen als er selbst: Er habe, sagt er im Angesicht solcher Nachrichten aus der Welt der Ehrgeizigen und Zielstrebigen, die Schule irgendwie geschafft, vier ver-schiedene Fächer studiert, hier und da herumgeschaut, hier und da gejobbt, hier und da ehrenamtlich gearbeitet und gelebt. »Alle, die glauben, Jugendliche müssten mit 16 oder 17 die Schule abschließen, mit 19 ihre Gesellen-prüfung oder mit 21 ihren Bachelor machen, dann mit 24 den Meister oder den Master und mit 26 als Vorstands-assistent bei einem Pharma-Unternehmen ihre Altersvor-sorge sichern, die haben den Sinn des Lebens nicht ver-standen«, sagt er dann.

Die Mutter, also ich, sieht das im Prinzip auch so. Nur vergisst Mister Lässig, dass der Sinn einer guten Schulbil-dung auch die Bildung als solche sein kann. Unabhängig von Noten oder Leistungen. Wissen ist Macht. Und Wissen macht Spaß. Und das Leben ist kein Ponyhof.

Sitzt man mit Freunden zusammen, wirken Botschaften von hochbegabten, motivierten, ehrgeizigen Leichtlernern wie Messages aus dem fernen All. Irgendwo müssen sie sein, diese Eltern, deren Kinder ohne Probleme 1,0-Abiture machen und dann in Oxford Humanwissenschaften studieren. Irgendwo müssen diese Eltern sein, deren Kinder mit 16 auf den Arbeitsmarkt streben, weil sie ein dringliches Verlangen danach spüren, schöne Möbel zu bauen oder nach einer Ausbildung zur Krankenschwester in Afrika die Welt zu retten.

Und natürlich wird eines schönen Tages, wenn die Gehirne unserer Kinder fertig umgebaut sind, auch bei uns die Freude groß sein. Das werden die Tage sein, an denen unsere Kinder wie vernünftige, kluge Menschen vor uns hintreten und sagen: »Ich will mich jetzt anstrengen und ganz viel lesen und lernen. Denn mein Traum ist es, einen tollen, interessanten Beruf zu finden. Danke, dass ihr mich bis hierher unterstützt habt. Ab jetzt gehe ich meinen Weg allein.« Im Kino setzen in solchen Situationen immer ganze Heerscharen von jubilierenden Chören ein, und ein glühendes Abendrot überzieht den Himmel, als habe eine strahlende Marien-Erscheinung Glück über die Erde gebracht. Und im wirklichen Leben? Da wird uns Eltern der Mund offen stehen bleiben, und wir werden stammeln: »Wie, was? Es gibt ein Leben nach dem Schulstress?«

## Die anderen Anderen

Bis dahin klagt die befreundete Familie H. aus O. jedenfalls über eine Tochter, die tagsüber shoppt, abends ausgeht, nachts immer noch ausgeht, für das Abitur kurz vor Torschluss müde und desinteressiert zu lernen begann und auf Vorhaltungen immer nur sagte: »Ich fühle mich von euch so eingeengt, ich brauche mehr Freiheit.« Die geplagte Mutter der 18-jährigen Dame machte sich daraufhin schwere Vorwürfe, dass sie ihr Kind einengt und am Erwachsenwerden hindert, und zog sich zurück – nur um dann von der Abiturientin beschuldigt zu werden, sie unterstütze ihre Tochter nicht ausreichend in der schweren Zeit des Lernens. Das Mädchen wollte gern zwei warme Mahlzeiten am Tag, Nackenmassagen und *pep talk.* Das Ergebnis: Freiheit hat sie jetzt bei einem Schnitt von knapp unter 3 – die Freiheit, eine Weile nachzudenken, was sie damit überhaupt studieren kann. Und eine verunsicherte, schuldbewusste Mutter hat sie auch. Aber was hätte sie tun sollen – das Mädchen einsperren und auf trocken Brot setzen?

*(Anmerkung des Vaters: Na klar, das Kind ist viel zu verwöhnt.)*

Andere Freunde von uns berichten von zwei Söhnen, die ihre Facharbeiten erst sechs Tage vor Abgabetermin begonnen haben. Drei Tage später war die erste Fassung für eine der beiden Arbeiten aufgrund von Grammatik- und Kommafehlern nachgerade unleserlich, die andere bestand aus ebenso zusammenhanglosen wie auch zusammenkopierten Absätzen aus dem Internet, *Wikipedia* ließ grüßen. Die Mutter der beiden jungen Männer schrieb also zähneknirschend in emsiger Nachtarbeit beide Facharbeiten selbst. Die Söhne kamen knapp, sehr knapp durchs Abitur – und machten dann erst mal eine lange, sehr lange Findungsphase durch. Aus ihr sind sie bis heute nicht wirklich herausgekommen. Was tut man da? Erst an der Facharbeit scheitern lassen und dann rausschmeißen?

*(Anmerkung des Vaters: Ja!)*

Familie B. aus M. wiederum klagt über einen Sohn, der bis zur 10. Klasse viel Hilfe brauchte, dann aber so viel Selbstbewusstsein an den Tag legte, dass er jede Hilfe ablehnte, jede Hingabe fürs Lernen und für Hausaufgaben aber auch, sodass im Zwischenzeugnis unerfreuliche fünf Fünfer standen. Wenn er zum Lernen angehalten wurde, entließ er sich selbst ins Nachtleben mit dem Satz, er brauche keine Belehrungen … schließlich könne er ja selbst lesen, was geschrieben stand. Eine Reaktion, die man sicherlich nur partiell als tiefe Dankbarkeit für die Vermittlung bildungsbürgerlicher Grundgüter begreifen kann. Aber wie hätten die Eltern reagieren sollen? Wegschauen, abwarten? Auf die einsetzende Vernunft vertrauen? Einen 17-Jährigen knallhart aussetzen und fürs Leben lernen lassen?

*(Vorletzte Anmerkung des Vaters: Manchmal tut Entzug gut, und wenn es nur der einer Kreditkarte ist!)*

Ganz klar, Schule ist die Nahtstelle zum Leben in Eigenverantwortung. Und die drei Beispiele zeigen zweierlei: Diese Jugendlichen ahnen oder wissen, dass ihre Eltern sie im Notfall herausboxen werden, auch wenn das heißt, einen Teil des Lern- und Leistungsjobs selbst zu übernehmen. Pädagogisch ist das grundfalsch, natürlich. Andererseits haben diese Eltern ein genuines Interesse daran, dass ihre Kids die Schule schaffen, und sei es mit viel Hilfe. Damit diese Phase – endlich – zu Ende geht. Verständlich, aber in der Konsequenz auch falsch. Was tun? Eine andere Schule vielleicht? Oder doch andere Kinder?

*(Letzte Anmerkung des Vaters: Wie wäre es mit lockermachen? Schule ist auch nur ein vorübergehendes Unglück.)*

# DER *LOUIS VUITTON* IN UNS ALLEN

Geld – und was die Familie zusammenhält

Lukas war noch keine acht Jahre alt, da lautete seine Lieblingsfrage: »Mama, ist der Mann reich?« Sie entfuhr ihm immer dann, wenn im Fernsehen Michael Schumacher auf dem Siegertreppchen mit Champagner herumspritzte. Oder wenn wir am Sportplatz aus unserer preiswerten Familienkutsche heraus einem anderen F-Jugend-Vater zusahen, der seinen Nike- und Adidas-beklebten Sprössling in ein brandneues, bronzefarbenes SUV hievte. Mittlerweile sind diese Monsterwagen weiß oder kackbraun, auch der automobile Selbstdarsteller geht mit der Mode.

Die Frage nach dem Geld der anderen ist ja immer auch eine nach der Ungerechtigkeit des Lebens und der dauerhaften Benachteiligung des eigenen Seins. Warum, wollen unsere Kinder wissen, waren alle anderen schon mal auf den Malediven? Warum haben alle Klassenkameraden ein iPhone? Warum kriegt die beste Freundin ein Auto zum Abitur? Warum sind alle anderen Eltern großzügiger als die eigenen? Warum muss man arbeiten, wenn man später einen Maserati fahren will? Kinder sind so, sie finden immer, andere hätten mehr. Und Besseres, und Schöneres. Sie finden ja auch immer, andere Kinder hätten die besseren Eltern (mit den besseren Autos, um das noch mal zu erwähnen).

»Ja, der ist wahrscheinlich reich, Lukas«, lautete also unsere Standardantwort auf die oben erwähnte Frage – allerdings nie ohne den entscheidenden Zusatz »... aber was heißt das schon?«. Geld macht nicht glücklich, sollte das heißen, auch wenn Eltern selbst an diese Weisheit nicht glauben können. Ist Geld doch bekanntlich recht nützlich, damit man sich nebenher damit befassen kann, glücklich zu sein. Aber redet man daheim über Geld? Sollten Kinder wissen, was die Eltern verdienen? Oder besser nur wissen, was man sich als Familie nicht leisten kann?

Unseren Kindern wollten wir immer Zugang zu einem moralischen, ethisch wertvollen Mikrokosmos ebnen, in dem Geld nur eine nachrangige Rolle spielt. Mit Betonung auf »wollten«! Denn so richtig verstanden hat Lukas dieses *ceterum censeo* »... aber was heißt das schon?« nie. Wie soll einer auch kapieren, dass es jenseits seines Kinderzimmers noch eine andere Welt gibt, eine Art Gegenmodell mit frei verfügbaren Playstations und neuesten *Nintendos,* in der zu leben sich angeblich nicht lohnt?

Wie macht man einem Jugendlichen klar, dass Schränke voll mit Markenkleidung, Chucks in allen Farben und Taschengeld im dreistelligen Bereich degoutant sind, weil Konsumverzicht viel hipper und politisch korrekter und übrigens auch preiswerter ist? Heute ist Lukas 17. Noch immer glaubt er, echter Reichtum entstehe automatisch, wenn man nur den richtigen Beruf ergreife, Steuerberater oder Zahnarzt oder Autoverkäufer. Dass die auch arbeiten, manche sogar recht viel, bleibt für ihn im Vagen. Er hofft für die eigene Zukunft auf ein volles Konto – aber ohne Mühsal.

## Bonzig, das ist prollig mit Geld

Lukas' Credo lautet: Coole Kids haben reiche Eltern. Coole Kids kriegen am Wochenende 300 Euro für einen Clubabend in München. Coole Kids zeigen sich in *Facebook* auf Fotos mit Magnum-Champagnerflaschen. Wo das Geld herkommt? Na von Papa und Mama eben. Okay, so richtig cool findet er diese Kids zwar auch nicht, so viel hat die Indoktrination daheim schon bewirkt, er findet sie sogar eher bonzig. Bonzig – das ist prollig mit Geld. Deshalb das zweite Credo: Wäre er reich, wäre er nicht bonzig, nicht prollig, nur cool.

Wir haben mit unseren Kindern oft über die SUV fahrenden, in Ganzkörper-Nike eingehüllten Nachbarn gesprochen – und über all die anderen Menschen auch, die den Sozialneid unserer Kinder wecken. Und auch bei uns, um ehrlich zu sein. Wir führen solche Gespräche vorzugsweise am Montagabend oder spätestens Dienstagmorgen beim Frühstück. Denn nach jedem Wochenende taucht auf den Schulhöfen unserer Kinder immer das Neueste vom Neuen auf:

– Sabrina (15) bringt von ihrem verlängerten Wochenendtrip nach New York ein neues Luxus-Label-Handtäschchen mit – wobei Sabrinas Eltern natürlich auch deshalb »sau-cool« sind, denn sie hatten ihre Tochter

am Freitag extra krankgemeldet, »aber das macht ihr ja nie!«.
- Marco (14) hat sein neues iPad rumgehen lassen. Marcos Vater ist übrigens auch sau-cool, der hat ihm nämlich sogar eine Hausaufgaben-App draufgespielt.
- Jerry meldete Vollzug beim Der-hat-wieder-was-Neues-Spiel: Andis Papa hat bei *eBay* einen echten Robodog für nur 15,90 Euro ersteigert – sau-cool!

Und wer sind die Einzigen, die die falschen Eltern haben? Genau: unsere Kinder. Ausgerechnet sie sind die einzigen im Umkreis von rund 200 Kilometern, die in einem Roboterhund-freien, iPad-losen Haushalt ohne *Louis Vuitton*-Tasche überleben müssen. Erschwerend kommt hinzu, dass jedes Extra, jeder Minibonus argumentativ erstritten werden muss. Was sich dann in etwa so anhört:

»Papa?« (Sohn wanzt sich an.)

»Jaaa?« (Vater hört nicht richtig hin.)

»Du hast doch ein neues Handy, oder?« (Sohn wanzt sich stärker an.)

»Hmm! Geiles Teil, kann sehr viel. Macht superscharfe Fotos und hat einen übersichtlichen Organizer und ...« (Vater wacht auf und wird euphorisch.)

»Stopp, was machst du mit deinem alten? Meins hat keine Fotofunktion, es ist mega-out, keiner in meiner Klasse benutzt mehr so eins.« (Sohn schöpft Hoffnung.)

»Schlag's dir aus dem Kopf, Lukas. Mit einem Handy telefoniert man, du musst nicht fotografieren.« (Vater wird ungeduldig.)

»Und du? Du fotografierst doch auch. Ich will lieber

gar keins als eins, was out ist. Und Dein altes liegt doch eh nur rum!« (Sohn argumentiert verzweifelt.)

»Wenn du gar keins willst, weiß ich nicht, worüber wir reden. Aber du kannst meinen alten Fotoapparat haben.« (Vater lacht hämisch.)

Sohn geht ab, Türen schlagend. Später wird der Vater sein altes Handy, vom schlechten Gewissen geplagt, auf die Bettdecke des Sohnes legen. Worüber sich der Sohn durchaus freut, auch wenn man es ihm kaum anmerkt. »Danke. Endgeil.« Das muss reichen an Begeisterung. Trotzdem, der Vater ist wieder mal glücklich. Hat er gut gemacht, denkt er. Von wegen.

Spätere Sondierungsgespräche ergeben, dass Lukas jetzt auch immer bonzig mit dem neuen alten Handy seines Vaters rumläuft, sich aber nicht bonzig fühlt, weil er ja, armer Sohn, der er ist, ein gebrauchtes Handy vom Vater quasi aufträgt.

## Stibitzen ja – aber doch nicht stehlen!

Nur unser Elfjähriger kann sich, was Geld angeht, eine gelassene Sicht der Dinge leisten. Er ist nämlich der einzig wirklich Begüterte in der Familie. Mit Stand von März 2011 befinden sich stolze 228,72 Euro in seiner Pokémon-Blechdose, die er hinter den *Wie geht das?*-Büchern im Regal bunkert. Ob sie dort wirklich sicher ist, wissen wir alle nicht. Jedenfalls werden immer wieder kleine Beträge vermisst, was auf der Stelle intensive Nachforschungen, aber auch wilde Gerüchte auslöst, die sofort ins innerfamiliäre Netzwerk eingespeist werden. Hat sich eines der Kids wirklich bedient? Haben wir einen Dieb unter uns? Waren all die ethisch-moralischen Predigten des letzten Jahrzehnts umsonst? Oder hat Jerry einfach nur falsch gezählt? Wird es Zeit, die elterlichen Portemonnaies regelmäßig durchzuzählen, um zu überprüfen, ob verarmte Jugendliche ihre Zigaretten durch irreguläre Einnahmen aus fremden Quellen finanzieren?

Ein leises Zwiegespräch zwischen Mutter und Vater ergibt, dass natürlich beide in ihrer Jugend bisweilen auch die eine oder andere Mark aus elterlichen Geldbeuteln und Zuckerdosen entwendet haben. Aber das war damals doch okay. Da ging es um »entwendet« oder »stibitzt«, aber doch nicht um »gestohlen«! Außerdem war so eine Mark nur die Hälfte wert im Vergleich zum Euro. Wir Eltern steuern trotz allem auf einen verzweifelt-depressiven Abend zu: eines unserer Kinder ein Dieb?

Und was tut die Restfamilie? Sie widmet sich mit großer Hingabe dem lustigen Verdächtig-ist-hier-jeder-Spiel. Jerry beschuldigt Lukas, der wehrt sich mit treudoofem Augenaufschlag, dabei ist er immer pleite. Lukas hat eher Hannah im Visier, die ist empört, weil sie zur Zeit als Einzige von den dreien einen lukrativen Job und weitere Einnahmequellen hat (Babysitting, Kellnern im Café, üppiges Benzingeld). Hannah behauptet wiederum, dass Jerry nicht richtig nachgucken kann, »der verschlampt doch immer alles!«.

Lukas, der jegliche Form von Arbeit als Zumutung und Jobben als sinnlose Freizeitbeschäftigung betrachtet, begründet seine Verweigerungshaltung damit, dass er so viel für die Schule tun müsse, was alle, die ihn kennen, mit Hohnlachen quittieren. Außerdem sieht Lukas im Inhalt der Pokémon-Dose sowieso eine ungerechtfertigte Bereicherung, weil der Jüngste seit Jahr und Tag bevorzugt wird … unglaublich, was fehlende fünf Euro auslösen können!

Und wo liegt nun des Rätsels Lösung? Meistens im schwach ausgeprägten Kurzzeitgedächtnis von Jerry selbst. Denn auffälligerweise materialisiert sich der unerklärliche Geldschwund irgendwann immer in Form einer Tüte Gummibärchen oder eines nagelneuen Satzes Panini-Sammelbilder neben seinem Bett. »Ach richtig, die habe ich mir ja vorgestern gekauft!«, lautet dann etwa die fällige Ausrede. So jung und schon so vergesslich.

## Kriegsschauplatz Taschengeld

Mit dem Geld ist es sowieso eine recht vertrackte Sache. Man liebt seine Kinder und will für sie das Beste, aber das Beste ist oft zu viel. Selbst Familien, die von Hartz IV leben, statten ihre Kinder oft besser aus als sich selbst, weil die Kinder nicht darben sollen, weil soziale Teilhabe sich über Statussymbole definiert und weil Kinder oft mehr auf Statussymbole fixiert sind als Erwachsene. Die Folge: enorme Ansprüche beim Nachwuchs, die Eltern fassungslos machen. Und das, obwohl sie doch selbst genau diese Anspruchshaltung gezüchtet haben.

Nehmen wir den Kriegsschauplatz Taschengeld. Es geht schon damit los, wann diese innerfamiliär betriebene

Geldquelle lossprudeln soll. Das Familienhandbuch des Staatsinstituts für Frühpädagogik in Niedersachsen kennt ihn genau, diesen Wendepunkt im Leben eines Menschen: »Beginnen kann man, sobald die Kinder wissen, dass Geld nichts im Mund zu suchen hat«, lautet die simple Grundregel.

Mal abgesehen davon, dass unser Zahnarzt Dr. F. laut dem Rezept »Geld hat nichts im Mund zu suchen« am Hungertuch nagen müsste (was zur Zeit eher wir tun – wegen Dr. F.'s Zahnspangenabrechnungen!), versteckt sich hinter diesem Tipp doch eine bestechende Erkenntnis. Unser aller Drang nach viel Geld ist zurückzuführen auf eine frühkindlich verpasste orale Phase. In unserer Familie sorgt jedenfalls nicht die Anwesenheit von Geld, sondern eher dessen Abwesenheit für Kopfzerbrechen. Auf der Webseite der deutschen Jugendberatung wird empfohlen, 11-Jährigen 15 Euro monatlich zu zahlen, 17-Jährigen 41 Euro und 18-Jährigen 61 Euro. Davon sollten kleinere Ausgaben bestritten werden wie Kino, Süßigkeiten, CDs, Handyrechnung … Handyrechnung? Müssten die Kinder der westlichen Welt ihre Handyrechnungen vom Taschengeld bezahlen, würden die Anbieter von Handyverträgen reihenweise pleite gehen. Schuldnerberatungen für Jugendliche würden wie Sand am Meer in Stadt und Land eröffnen, es würde erst ein Wehklagen ausbrechen und dann das große Schweigen. Denn für die Stunden und Smileys und Emoticons und Kürzel und Nonsens-Nachrichten, die am Handy geredet und gesimst werden, reicht selbst bei wohlhabenden Kids das Taschengeld nur selten.

Was tun? Das eigene Kind in den Schuldturm gehen sehen? Seine Kommunikation mit der Umwelt bösartig und herzlos reduzieren? Kredite gewähren? Wir haben uns für einen Kompromiss entschieden: ein Teil des Taschengeldes wird gleich am Monatsanfang als Anteil an der jeweiligen Handyrechnung einbehalten. Und daheim wird, bitte sehr, das Flatrate-Festnetztelefon genutzt.

Ansonsten ist die Taschengeldfrage ein immerwährender Kriegsschauplatz. Da ist zum Beispiel Lukas. Seine Bilanz sieht Monat für Monat recht düster aus. Warum? Weil er mit 50 Euro Taschengeld (exklusive Klamotten-Zuzahlungen, Handypauschale und Mittagstisch in der Schule) keine allzu großen Sprünge machen kann. Und weil Zigaretten immer teurer werden. Und McDonald's dummerweise seine Burger verkauft – und nicht verschenkt. Und weil in der Lieblingsbar seiner Clique auch die schönste Happy Hour mit halben Preisen irgendwann zu Ende geht. Leben ist teuer, besonders auf dem Sektor der Genusswaren. Das bekommen ja inzwischen auch die bereits erwähnten Hartz-IV-Familien zu spüren, denen der Tabak- und Alkoholkonsum nicht mehr subventioniert wird.

Doch Lukas' größtes Problem sind nicht die Rindfleischbrater, Barkeeper und Zigarettenautomaten, sondern seine Eltern. Denn die sind extrem hartleibig, wenn es ums Geld geht. Um Lukas' Geld. Man könnte es auch Konsequenz nennen, aber dieses Fremdwort gehört nicht zum Sprachschatz eines 17-Jährigen.

»Ma, ich krieg noch Taschengeld!« (Sohn vorfreudig.)

»Kriegst du nicht.« (Mutter schlecht gelaunt.)

»Wieso nicht?« (Sohn irritiert.)

»Weil ich dir neulich 100 Euro geliehen habe für die Rock-im-Park-Karte. Und weil du, nachdem du sie gekauft hast, festgestellt hast, dass du dann gar nicht da bist zu der Zeit.« (Mutter schlecht gelaunt.)

»Ja, aber ich kann doch nichts dafür, dass ich da mit euch wegfahren muss.« (Sohn jetzt auch schlecht gelaunt.)

»Du *musst* nicht, du *darfst*. Und das Geld habe ich bis heute nicht wiedergesehen, also gibt es kein Taschengeld.« (Mutter noch schlechter gelaunt.)

»Und wo soll ich jetzt das Geld herkriegen?« (Sohn ratlos.)

»Wenn du dich darum gekümmert hättest, die Karte wieder zu verkaufen, hättest du das Geld schon längst zurück. Selbst schuld. Aber du kannst gern gegen Geld daheim putzen.« (Mutter triumphiert – und hat gleichzeitig ein schlechtes Gewissen. Weil man Kindern für Hausarbeit nichts zahlt, das ist ein ehernes Gesetz!)

»Ich putze nicht. Und euer Geld brauche ich eh nicht. Ich komme auch so zurecht.«

Der Herr Sohn macht auf Opfer und zeigt Stolz. Lieber arm sein als putzen, jawohl.

Mag sein, dass sich Außenstehenden der pädagogisch wertvolle Teil dieser Auseinandersetzung nicht sofort vermittelt. Vielleicht muss man dazu auch wissen, wie stark Geld bei Kindern als Transmissionsriemen wirken kann, jedenfalls bei *unseren* Kindern. Denn dummerweise kosten all die Dinge, die sie sich wünschen, Geld. Ganz im Gegensatz zu sensationell billigen Aktivitäten wie auf den

Berg steigen, im See baden, einen Ausflug mit dem Rad machen oder ein Buch lesen in der Hängematte. Zu dumm, dass all diese Beispiele in der Vorstellungswelt unserer Kinder so gut wie nicht vorkommen. Sie fasziniert nicht die gute Landluft rund um ihr Zuhause, sondern vielmehr der Mythos eines urban-schicken Luxuslebens unter gleichaltrigen Typen, die es quasi schon geschafft haben, bevor das Leben überhaupt losgeht. Weil es eben die Eltern geschafft haben.

## Im Dunstkreis der Reichen und Schönen

Unsere Kinder erzählen faszinierende Geschichten von anderen Söhnen und Töchtern: von Champagner-getränkten Auftritten im Käfer-Zelt auf dem Oktoberfest, Wodkagefluteten VIP-Partys in dem Schickimicki-Club »P1« oder ersten Ausfahrten im frisch übereigneten Luxuscabrio. All diese Storys sind beliebter Gesprächsstoff an unserem abendlichen Esstisch. Ob sie stimmen? Keine Ahnung. Aber wann immer wir einem Exemplar dieser Spezies Neureich-Kids direkt begegnen, verfestigt sich der Eindruck, dass alles, aber auch wirklich alles wahr sein könnte.

Natürlich redet man mit Freunden und Verwandten darüber, wie viel Taschengeld anderer Leute Kinder kriegen und was sie davon zahlen müssen. Manche geben viel, davon müssen ihre Kids sich aber auch Kleider und Wochenendtrips finanzieren. Andere stecken ihren Kindern zusätzlich zum Taschengeld gern einen Zehner hier und einen Zehner da zu – für die Pizza, die U-Bahn oder das Kino. Eine sehr gute Freundin erzählt, sie hielte ihre Kinder bewusst kurz – obwohl man sich durchaus etwas leisten kann in dieser Familie –, damit der Nachwuchs nicht auf den Gedanken komme, Geldverdienen sei eine leichte Sache. Der Sohn kriegt aber, wie gesagt, regelmäßig etwas zugesteckt, und er hängt mit anderen Jugendlichen ab, deren Eltern ebenfalls viel Geld haben. Kein Wunder, dass auf *Facebook* so manches Foto von ihm auftaucht, im Dunstkreis der Schönen und Reichen in Nobelkneipen, mit Schampus in der Hand, geröteten Wangen und großer Gönnergeste. Man kennt sich, man beschenkt sich. Und übrigens: Gerade die Kids wohlhabender Leute reden gern über *ihr* Geld. »Der Jogi hat echt viel Knete.« Oder: »Maggie ist megareich.« Der Jogi? Die Maggie? Nein, ihre Eltern haben gearbeitet und Geld verdient. Aber die Grenzen verschwimmen, vor allem da, wo Eltern keine finanziellen Grenzen ziehen.

Kluge Ratgeber sagen, man müsse Kinder früh an das eigene Geld gewöhnen, damit sie den Umgang damit lernen. Unsereins musste früher seine T-Shirts und seine Cocktails selbst zahlen, aber nicht seine Winterschuhe und nicht den Urlaub. Unsere Eltern sagten: »Kleines wird selbst finanziert, für Großes sind die Eltern da.« In Singapur ist das alles konsequent zu Ende gedacht worden: Dort können Kinder an einer eigenen *Money Clinic* lernen, wie man an der Börse spekuliert, wie man Gewinne wieder investiert und wie man möglichst clever Geld spart. Das Eintrittsalter für die Schule an der Bukit Timah Road 271 nahe der Balmoral Plaza liegt übrigens bei vier Jahren.

## Die große Kunst des Nichtstuns

Lukas' Geldgeschichten verraten, dass er nicht in den Genuss dieser speziellen frühkindlichen Förderung gekommen ist. Zum Beispiel die Sache mit der Konzertkarte: 40 sauer ersparte Euro plus 100 elterliche hatte er abgedrückt für das Ticket zum Open-Air-Konzert. Vier Tage lang totale Freiheit mit Kumpels und Freunden beim Rock-im-Park-Festival in Nürnberg – geil. Blöd dagegen die Feststellung wenig später, dass er an diesem verlängerten Wochenende nicht da sein wird. Aber es war ja noch gut einen Monat hin, um die Karte weiterzuverkaufen. Und was tut ein 17-Jähriger, wenn er möglichst schnell seine Ausgaben wieder reinkriegen möchte? Genau: nichts. Und wer wusste schon zu Beginn der Vier-Wochen-Frist, dass dieser unser Sohn nichts tun würde? Genau: seine Eltern!

Aber auch Eltern lernen dazu. Früher wären wir sofort ans Telefon gesprungen, hätten im gesamten eigenen Freundes- und Bekanntenkreis die Nachricht von wahnsinnig günstigen Karten verbreitet und hätten so binnen vier Stunden garantiert sechs bis acht Angebote in der Tasche gehabt. Wie gesagt, *früher* wäre das so gewesen. Heute sind wir klüger und tun genau das, was unser Sohn auch macht – nichts. Absolut nichts. Rein gar nichts. Mit dem einzigen Unterschied vielleicht, dass wir den Gegner genauestens beobachten. Schließlich müssen wir sicher sein, dass alles so kommt, wie wir es vorausgeahnt haben. Und was haben wir nicht schon recht gehabt mit unseren Ahnungen!

Eines der größten Übel für Heranwachsende ist, dass sie die aufmerksamsten Augen- und Ohrenzeugen eben dieses Heranwachsens ständig dicht neben und hinter sich haben: ihre Erzeuger, die eigenen Eltern. Ja, dumm gelaufen für die Kids, muss man sagen. Denn ausgerechnet diese engsten Blutsverwandten sind absolute Experten im Erkennen kranker Ausreden, bescheuerter Notlügen und absurder Erklärungen, die alle etwa so beginnen:

»Wie, du hast dein Latein-Heft im *Bus* verloren? Hat dich heute Nachmittag nicht die Mutter von Tanja in ihrem *Auto* mitgenommen?!«

Betretenes Schweigen.

Oder:

»Jerry, du bist zu spät! Warum? – Weil die Uhr stehen geblieben ist? Na, dann zeig sie mal her!«

Die Armbanduhr wird mühsam aus dem Schulrucksack hervorgekramt.

»Die geht doch!«

Jerry sagt, dass Hendriks Uhr stehen geblieben ist.

»Ach, Hendriks Uhr war das! Welche denn?«

Jerry schildert ausführlich Hendriks Armbanduhr.

»Und auf die habt ihr beide geguckt und nicht gemerkt, dass sie steht, ja?! Interessant. Denn die Uhr von Hendrik liegt seit drei Tagen bei uns im Badezimmer auf dem Fensterbrett, wo er sie nach deiner Übernachtungsparty vergessen hat.«

Die Gegenseite verfällt in vielsagendes Schweigen.

Möglich sind auch Konflikte wie dieser:

»Menschenskind Hannah, zieh doch deine neue Jacke an!«

Hannah zieht ihre neue Jacke *nicht* an und bemerkt, dass alle anderen auch ohne Jacke unterwegs sein werden und dass diejenigen mit Jacken so was von uncool sind und dass man jetzt gefälligst mal chillen sollte und dass ...

»Wie, alle anderen haben auch keine Jacke an! Kind, es hat 4 Grad draußen, und du stehst stundenlang an der Bushaltestelle rum. Mit bauchfreiem T-Shirt und in Ballerinas? Du holst dir doch den Tod!«

Hannah glaubt zu wissen, dass an unserer Bushaltestelle noch nie der Tod gesichtet wurde.

»Ja, ich weiß, dass du 18 bist und alles alleine entscheiden kannst. Aber draußen ist es eiskalt, Hannah!«

Abgang von Hannah. Schweigend, ohne Jacke, zieht sie los, dem sicheren Kältetod entgegen.

Und noch eine Variante:

»Jerry, gestern hast du mir erzählt, dass dieses doofe Nerf-Schwert nur ... wie? Das ist gar kein Schwert? Ein ... ein *was*? Ein *Nerf Dart Tag Hyperfire Set*. Aha, auch okay. Also, gestern hat dieses Teil nur 9,90 Euro gekostet, und da habe ich Ja gesagt. Heute kommst du an und willst 16,80 Euro für den Käse ausgeben. Wieso? Haben die über Nacht die Preise erhöht?«

Jerry argumentiert für einen Elfjährigen sehr geschickt über geschlagene drei Minuten hinweg, dass ein Leben ohne *Nerf Dart Tag Hyperfire Set* absolut sinnlos wäre, und empfiehlt sich so als perfekter diplomatischer Vertreter für künftige Verhandlungen zum SALT-II-Abkommen. Das Ergebnis: seine Eltern erkennen schlagartig, wie sensationell günstig ein fast doppelt so teures Angebot doch wäre.

Schon wenige Tage nach dieser Aufrüstungsdebatte fuchtelt Jerry mit einer nagelneuen Plastikpistole für unheimlich günstige 31,90 Euro herum. Und während er seine neonfarbenen Schaumstoff-Pfeile weitflächig in der Wohnung verstreut, sitzt Lukas nach wie vor auf seinem Open-Air-Ticket für schlappe 140 Euro.

Sieben Tage lang passierte also nichts. Total genervt von seinen Geldnöten, aber keineswegs ausreichend motiviert, zog Lukas zur Schule, zum Volleyball, zum Tennis, zur Happy Hour in die »Escobar« (sie heißt wirklich so!) und zur Beachparty mit den üblichen Verdächtigen am Seeufer ... und wir waren uns sicher: bei all diesen idealen Anlässen mit potentiellen Interessenten für 1a-Rock-im-Park-Tickets kam garantiert kein Sterbenswörtchen über seine Lippen. Und wir sollten recht behalten.

Warum ist das so? Oder besser gefragt: Wieso *muss* das so sein bei 17-jährigen, durchaus intelligenten, vernunftbegabten Jung-Menschen? Was verschlägt ihnen die Sprache, sobald es um die ureigensten Bedürfnisse geht? Positiv betrachtet, könnte man erst einmal ein grundsätzliches Desinteresse am Thema Geld unterstellen. Eine hübsche Theorie, aber leider völlig daneben, denn natürlich hat Geld auch und gerade für unsere Nachkommenschaft durchaus seinen Reiz. Krass, wenn man es hätte, wunderbar, wenn man es hat, und doof, wenn es anders ist.

## Unsere Kids – leider nicht systemrelevant

Es ist und bleibt eines der großen Rätsel der Pubertät: Die Letzten, die mitbekommen, dass jede Menge mit ihnen und in ihnen passiert, dass sich alles ändert und nichts so bleibt, wie es war, sind die Pubertierenden selbst. Um sie herum ist der Teufel los, aber ihr Blick verengt sich gerade mal auf die wenigen, wirklich existentiellen Fragen: Wann ist heute endlich die beknackte Schule aus? Hat der Typ neben mir vielleicht noch Kippen? Stammt die eindeutige SMS von der krassen Braut aus der 11b? Und sind meine Alten am Wochenende auch wirklich weg auf Verwandtenbesuch? Das Leben zwischen 11 und 17 Jahren ist eine recht simple Angelegenheit – jedenfalls für alle 11- bis 17-Jährigen.

Lukas' Problem mit der Rockkonzertkarte war also noch immer nicht gelöst. Wobei es ihm nicht um die Abwesenheit von 140 Euro ging. Nein, es war der Zwang, tätig werden zu müssen, und das auch noch in eigener Sache. Wie peinlich! Anderen gegenüber zuzugeben, dass man auf jemanden angewiesen ist, seine Hilfe benötigt, dass man unter Umständen sogar die besten Freunde, die engsten Vertrauten, die tolle Clique, die super Gang braucht – super peinlich! In großer Runde zu verkünden, dass man blank ist – ätzend! Dem Freund, der Freundin zu gestehen, dass man gestern auf ihren Anruf gewartet hat – geht gar nicht! Diskretion bis zum Abwinken ist gefragt. Und wer ausgerechnet trampelt darauf immer wieder herum? Na klar, die Eltern. Wo doch vor jedem Kinderzimmer ein imaginäres Schild hängt: »Checkpoint – Warning! You are entering the absolutely intimate sector!«

Wir ließen Lukas erst einmal sieben Tage lang Zeit, die leidige Angelegenheit in eigener Regie zu regeln. Sieben Tage, von denen wir wussten, dass sie in einer eventuell späteren Autobiografie unseres Sohnes garantiert nicht Erwähnung finden würden. Denn es passierte, wie bereits erwähnt … genau: Nothing. Niente. Rien du tout. Nada.

Dafür fragten sich seine Eltern: »Was tun?« Wie könnte ein Aktionsplan aussehen, der nur Lukas aktiv werden ließe und nicht uns, die bösen Strippenzieher im Hintergrund? Was könnte ihn dazu bringen, sich endlich um seine ureigensten Interessen zu kümmern? Immerhin standen satte 140 Euro auf der Soll-Seite seines Lebens, plus eine bereits eingetretene Zahlungsunfähigkeit, also drohende Konkursverschleppung mit anschließendem Bankrott. Da Lukas nur für unsere Familie, nicht aber für die Bundesrepublik als »systemrelevant« einzustufen ist, war mit staatlichen Ausfallgarantien, Hermes-Bürgschaften oder Banken-Boni nicht zu rechnen. Ein wahrer Orkan zog da über uns auf – wobei *über uns* nicht ganz zutreffend geschildert ist. Denn Lukas blieb gelassen und seelenruhig wie immer. 140 Euro Miese, na und! Wenn sich da mal nicht eine große Karriere als Top-Banker bei der Hypo Real Estate abzeichnet.

Es gibt keine geeigneteren Themen für intensive elterliche Scharmützel und Stellungskriege als pädagogische Grundsatzfragen. Und so kam es, wie es kommen musste: Plötzlich kriegten sich Mutter und Vater in die Wolle über das weitere Vorgehen in der *causa* Sohnemann. Fragen zur elterlichen Gewalt sind ein ideales Schlachtfeld – mit folgender Schlachtordnung: Der weibliche Part marschierte auf mit der Losung »Das können wir nicht zulassen. Der muss die harte Hand spüren. Der muss bluten!«, der männliche Anteil zog dagegen aufs Feld der Ehre unter dem Banner »Lass ihn doch! Er wird schon noch merken, wo er damit hinkommt. Das regelt sich alles von selber«.

*(Anmerkung des Vaters: Eine Position, die der meines Sohnes ja nicht ganz unähnlich ist. Was sich doch so alles vererbt!)*

Die Fronten waren tagelang unversöhnlich und für Lukas auch nicht ganz leicht zu durchschauen. Die Mutter plädierte für Taschengeldentzug über zwei Monate und unverbindliche Hilfestellungen zur Vermittlung von Jobs. Der Vater sprach sich eher für adäquates Nichtstun aus, auch wenn dies zu einem absehbaren finanziellen Totalverlust führen würde.

Da erst einmal wieder nichts geschah, setzte Tage später Stufe 2 der elterlichen Machtausübung ein. Es handelt sich dabei um einen komplexen, voll automatisierten Prozess, den man »Entscheidungserzwingungsverfahren« nennen könnte. Unsere Kinder empfinden es zwar eher als Gehirnwäsche, doch ist diese ausgeklügelte Methode ungeheuer Erfolg versprechend, wenn auch mit Betonung auf »versprechend«. Der Proband, im vorliegenden Fall also Lukas, wurde Tag und Nacht einem Trommelfeuer verbaler Hinweise ausgesetzt, von allabendlichen Ermahnungen (»Denkst du an die Karten, Lukas?!«) und frühmorgendlichen Wiederholungen (»Lukas, du denkst an die Karten, ja?«) bis hin zu einer Attacke mit überall angehefteten Post-its (»Nicht vergessen! Die Tickets«). Und siehe da, es geschah ein Wunder: Vier Tage vor unserer Abfahrt in den gemeinsamen Urlaub berichtete Lukas von der Freundin eines Freundes, die angeblich bereit wäre, die Karte zu nehmen, zum vollen Preis. Hosianna, unser Teufelskerl, wie er das nur wieder hingekriegt hatte! Toll! Aber stimmte die Geschichte auch?

## Der Trick mit dem Trick

Eltern riechen es förmlich, wenn etwas nicht stimmt. Mit der Geburt ihrer Kinder erwerben sie nämlich auf geheimnisvolle, bislang noch unerforschte Weise ein ganz spezielles neues Gen. Wir haben es das SH-Gen getauft, in Andenken an Sherlock Holmes, den britischen Meisterdetektiv. Es versetzt uns Eltern in die Lage, immer und überall Verdachtsmomente aufzuspüren, noch bevor die konkreten Anlässe dafür überhaupt entstehen können. Wobei auch hier die Rollenverteilung klar ist: Das weibliche Elternelement gibt den Sherlock Holmes, der Vater begnügt sich mit den Sekundier-Tugenden eines Dr. Watson. Und die sensationelle Aufklärungsquote dieses Erfolgsduos liegt – sehr zum Leidwesen unserer Kinder – deutlich über 90 Prozent.

*(Anmerkung der Autoren: An dieser Stelle ertönt beim Gegenlesen des Manuskripts durch die betroffenen Kinder schallendes Gelächter! Okay, es mag da eine hohe Dunkelziffer nicht aufgeklärter Fälle geben ...)*

Trotzdem, wie ist dieser Erfolg zu erklären? Ganz einfach: Eltern haben den unschätzbaren Vorteil, dass sie selbst, irgendwann in grauer Vorzeit, einmal jung gewesen sind. Auch wenn man sich das nicht unbedingt bei allen Exemplaren der Gattung Eltern vorstellen mag – wir jedenfalls waren und sind irgendwie auch noch jung. Genau das macht uns für unsere Kinder so brandgefährlich und unberechenbar. Denn mit welchen Tricks wollen sie sich erfolgreich um alles herumdrücken, wenn wir sie doch alle kennen!

Wir wissen, in welch dunklen Kanälen Taschengeld versickern kann, wie man schriftliche Mitteilungen vom Klassenlehrer verschwinden lässt oder was Freundinnen sagen müssen, sobald die Eltern ihre minderjährige Tochter per Rundruf suchen. Außerdem haben wir auch noch vor Augen, welch wirre Phantasien pubertäre Anwandlungen freisetzen können ... nicht bei den Kindern, nein, bei den Eltern! Die Pubertät an sich wäre nur halb so schlimm, könnte sie ohne die eigenen Eltern vonstatten gehen. Tut sie aber nicht – jedenfalls nicht im Regelfall.

Kurz und gut, die Story von der Freundin vom Freund haben wir Lukas nicht abgenommen. Da wollte einer nur seine Ruhe haben vor hysterischen, überkandidelten Eltern, die einen Riesenwirbel um gerade mal 140 Euro machten, von denen ihnen sowieso nur ganze 100 gehörten. Dieser Terror musste beendet werden, mit einer glaubwürdigen und vor allem möglichst nicht nachrecherchierbaren Geschichte. Hübsche Idee, das Ganze, aber nicht clever genug für die Eltern, die Lukas nun mal hat.

Wir begruben unser Kriegsbeil und heckten einen neuen Plan aus. Lukas hatte in diesen Tagen Geburtstag, und so bekam er von uns den stolzen Betrag von 100 Euro geschenkt, allerdings nur unter der Maßgabe, dass er uns die 140 Euro für das angeblich ja bereits verkaufte (haha!) Ticket bitte bar in großen Scheinen zeigt. Dann, und nur dann könne er die geliehenen 100 Euro, plus die neu geschenkten 100 behalten. Der junge Mann war verdutzt – und die Eltern happy. Volltreffer! Es ging um Geld, richtig viel Geld für Lukas. Sein Problem war nur: Es gab weder die Freundin des Freundes noch die 140 Euro.

Zehn Tage später, also genau genommen blitzschnell für einen 17-Jährigen, kam Lukas auf die Lösung: Er lieh sich von Mr. Unbekannt 140 Euro, rieb sie uns kurz unter die Nase, kassierte 100 neue Euro dazu und gab die 140 wieder zurück. Machte einen Reingewinn von immerhin 100 Euro. Lukas war mit sich zufrieden – und wir mit uns. Immerhin, so weit reicht sie dann eben doch, die Phantasie der Pubertäter.

PS:
In diesem Kapitel kommt unsere Tochter deutlich zu kurz. Kein Wunder, denn sie hat es von Anfang an verstanden, Geld nicht zu ihrem Problem werden zu lassen. Hannah kämpfte nie mit Engpässen beim Taschengeld, sie hatte mit 16 Jahren schon erste Nebenjobs, und sie teilt sich bis heute immer alles bestens ein, nicht nur beim Geld. *Good Girl*, könnte man meinen. Aber es kommen ja noch andere Kapitel …

# KONTER-REVOLUTIONÄRE

Ein Nutellabrot für die Kanzlerin oder:
Politik und Werte – und wie man sie
schmackhaft macht

Es gibt Themen, die halten sich über all die Jahre, in denen
aus Kindern Erwachsene zu werden drohen. Zum Beispiel
das Rauchen. Lukas war damals fünf.

»Papa, deine Zigarette riecht gut. Wenn ich groß bin,
will ich auch rauchen.«

Vater erschrocken: »Um Gottes willen, das tust du besser nicht, das ist gar nicht gesund. Lass dir ein für allemal
gesagt sein: Rauchen kann tödlich sein. Versprich mir,
dass du nie rauchen wirst.«

Kind ist verwirrt: »Und warum rauchst du dann?«

Vater, jetzt erschrocken *und* verlegen: »Bei Erwachsenen ist das nicht so schlimm, die haben stärkere Körper,
und ich rauche ja auch nur ganz wenig, sodass es bei mir
praktisch nichts ausmacht.«

Kind ist noch verwirrter.

Sechs Jahre später folgt dann ein weiteres Fachge-
spräch:

»Papa, du hast schon wieder geraucht, ich habe es gesehen! Du hast den Aschenbecher hinter dem Sofa versteckt! Ich will nicht, dass du rauchst, davon stirbt man,

und vorher wird man saukrank, und ich will nicht, dass du krank wirst und stirbst!« Sohn hat Tränen der Sorge und Empörung in den Augen.

Vater fühlt sich erwischt, schämt sich, schwört wortreich, nie wieder zu rauchen, und denkt: »Ich muss diesen blöden Aschenbecher in Zukunft noch besser verstecken.«

Heute ist der Sohn 17 – und der Dialog verläuft folgendermaßen:

»Pa, wo sind die Fluppen?«

Vater: »Du rauchst nicht in der Wohnung! Ich hab' dir tausend Mal gesagt, dass Rauchen Mist ist. Außerdem kannst du dir die Dinger gar nicht leisten von deinem Taschengeld, Rauchen ist teuer.«

Sohn grinst, knetet seine Selbstgedrehte fertig und geht auf den Balkon, um sie durchzuziehen.

Vater, der mittlerweile mit dem Rauchen aufgehört hat, schaut wehmütig zu.

Eltern sind inkonsequent und verlogen, das ist mal klar. Sie fordern ihre Kinder auf, dass sie Nikotin und andere Drogen aus ihrem Leben verbannen, rauchen aber nach dem Essen zum Rotwein gern selbst eine Zigarette. Sie predigen ökologisch verantwortliches Verhalten, fordern zum Recyceln von Joghurtbechern auf, zum sparsamen Umgang mit Druckerpapier, Wasser und Strom, zur Benutzung öffentlicher Verkehrsmittel – und nehmen gern selbst nach dem Dienst ein Vollbad mit Orangenduftaroma aus dem Chemielabor oder fahren mit dem Auto zum Brötchenholen. Sie fordern soziales Engagement, spenden aber höchstens mal vor Weihnachten ein paar Euro an die Welthungerhilfe oder Ärzte ohne Grenzen. Sie predigen Wasser und trinken Wein, sie erziehen ihre Kinder und sind selbst unerzogen.

Und das Merkwürdigste daran ist: Die Kinder sind manchmal konsequenter als ihre Eltern, weil sie sich veräppelt fühlen und es anders, besser machen wollen.

Bisweilen nimmt das groteske Formen an. Hannah zum Beispiel verzichtet bei der Zubereitung ihres Abendessens immer auf die Salatschüssel, weil man den Salat ja auch direkt vom Teller essen kann. Auf diese Weise wird die Spülmaschine nicht so schnell voll, es muss weniger oft gespült werden, dadurch wird Wasser gespart – und das alles kommt der Umwelt zugute. Alles klar? Wir lachen sie dafür aus, dabei ist ihr Gedanke so richtig wie rührend. Und dass politisch korrektes Verhalten, auf Salatschüsseln heruntergebrochen, vielleicht doch nicht die Welt rettet, ist nichts, was man sich mit 18 sagen lassen möchte.

Lukas findet das ganze Ökogeschwafel idiotisch, politische Korrektheit ist in seinen Augen eine seltsame, glücklicherweise nicht ansteckende Krankheit, und die Witze über Mongos, Schwule oder Asis, von denen er immer behauptet, nur die anderen würden sie erzählen, sind zwar nicht Ausdruck einer grundlegenden, quasi unheilbaren Unmenschlichkeit, aber doch Indiz für die Überheblichkeit eines 17-jährigen Selbstsuchers. Cool sein heißt für ihn: auf die Piste gehen, abhängen; ohne Spaß und Party, ohne PC und Glotze ist das Leben in seinen Augen nicht wirklich lebenswert. Was ihn übrigens deutlich unterscheidet von einem seiner großen Helden: Farin Urlaub, Frontmann der Punkband Die Ärzte. Farin sei ein

»echt geiler Typ«, findet Lukas, und ein »echt geiler Musiker«. Und das, obwohl Farin nicht raucht, nicht trinkt, kein Fernsehen schaut, sich gegen Neonazis engagiert und auf Anti-Rassismus-Demos singt. Lukas findet das zwar irgendwie seltsam, denn ein echter Rockstar müsse doch, glaubt Lukas, »nur Fun haben und sich regelmäßig zudrönen«, aber irgendwie findet er Farin echt lässig, seine politische Ausrichtung »passt schon«, und ein ganz klein wenig bewundert er ihn dafür, dass er den Mut dazu hat, anders zu sein.

Lukas würde zwar nie, wie seine Schwester Hannah, auf eine Anti-Nazi-Demo gehen. Man könnte da ja gesehen werden von irgendwelchen Kumpels, die gerade beim Shoppen sind oder auf dem Weg in den *World of Warcraft*-Laden und die dann fragen würden: »Ey, Alter, was machst'n da? Is' doch schwul, auf so'ner Demo mitzulatschen.« Manchmal finden seine Freunde Demos sogar gut, aber nur, wenn während der Schulzeit gegen Unterrichtsausfall protestiert wird. Andererseits: Nazis, so viel weiß er, findet Lukas scheiße. Und als er neulich von einem Konzert in einem Münchner Club heimkam, sagte er immerhin mit einiger Empörung: »Eine der Bands hat ›Doitsch‹-Rock gespielt, deshalb standen da vor der Bühne lauter Glatzen rum. Muss ich nicht haben, diese Typen!« Mutter und Vater sahen sich an, stutzten, staunten: »Muss ich nicht haben, diese Typen!« Ist das ein politisches Statement? Der Beginn einer Karriere als Abgeordneter? Ein Indiz dafür, dass sich der junge Mann doch ein inneres Koordinatensystem erstellt hat, in dem es Gut und Böse, Richtig und Falsch gibt – das nur seine Eltern bislang nicht kannten? »Muss ich nicht haben, diese Typen!« ist ein guter Anfang; das reicht ja schließlich auch unsereins bei zahlreichen politischen Debatten, wenn es gegen die FDP geht oder gegen den Vatikan.

Und Jerry? Unser ungetaufter Elfjähriger hat sein eigenes Wertesystem: Zur Zeit hat er gerade eine religiöse Phase, und weil der katholische Religionsunterricht die besseren Geschichten bietet als der evangelische, nimmt er daran teil. Er glaubt zwar nicht an Gott, aber an Mitmenschlichkeit und Liebe, verteilt seine Liebesbeweise großzügig an alle Menschen, vor allem an seine Eltern, und verlangt von anderen auch Toleranz, Großmut und Freundlichkeit. Hohe Ansprüche, muss man sagen, die aber das Beste aus seinen Mitmenschen herausholen. Jerry weiß zwar nicht genau, was die katholische Soziallehre ist, aber wüsste er es, wäre er ihr Anhänger. Das lässt hoffen – wenn auch nur noch für einige, wenige Jahre, bevor er sich ändert wie fast alle, die in die Pubertät hineinstolpern.

## Schaulaufen für die Welt

Anders sein oder sein wie alle – das ist für Heranwachsende die große Frage. Soll man mitlaufen oder sich abgrenzen, oder am besten in einer kleinen Gruppe mitlaufen, die sich aber von anderen Gruppen abgrenzt? Wie sich selbst darstellen, wie sich der Welt präsentieren? Wie der Welt seinen Stempel aufdrücken? Und vor allem:

Wie mit den vielen Problemen umgehen, die die Zukunft bedrohen?

Klar, da ist zum einen die Musik und die dazugehörige Szene. Fast jeder Jugendliche sucht, findet und definiert sich über »seine« Musikrichtung, steht auf Techno oder Heavy Metal, Punk oder Gothic, Indie, Reggae – oder auch Christliches. Klaus Farin (er ist unseres Wissens nicht verwandt oder verschwägert mit Die-Ärzte-Frontmann Farin Urlaub, dafür aber Leiter des Archivs für Jugendkulturen in Berlin) erklärt ahnungslosen Grufties wie unsereins, warum Musik und die sie begleitende Szene heute wichtiger ist denn je. Es gehe »nie nur um Melodie und Rhythmus, sondern immer um Geschichte, Politik und grundlegende Einstellungen zur Gesellschaft, die nicht nur die Texte und Songs vermitteln, sondern auch die Interviews, Kleidermarken, Gesten und Rituale der Künstler«. Und es gebe immer schneller und immer diffuser immer neue Moden und Richtungen, schreibt Farin; Hunderte von Stilrichtungen und Untergruppen, also nicht nur den Heavy-Metal-Fan, sondern den Black-Metal-, Thrash-Metal-, True-Metal-, den Death-Metal- und den New-Wave-of-British-Heavy-Metal-Fan, und die Traditionalisten auch noch. Also nicht nur den Techno-Fan, sondern allerlei von »Gabber bis Goa«.

Gabber bis Goa? Trash Metal? Black Metal? Keine Ahnung. Wo genau gehören da jetzt Black Sabbath, die Scorpions oder KISS rein, von denen wir Altvorderen wenigstens schon einmal mehr gehört haben als nur ihren Namen? – Lukas schüttelt verständnislos den Kopf und betet dann eine Reihe von Bands herunter, die bei uns

Eltern nur *eine* Assoziation auslösen: Fürchtet Euch sehr,
denn das Ende ist nahe!

- Biest
- Rebel Meets Rebel
- Grave Digger
- Armored Saint
- Axxis
- Bitch
- Designer of Death
- Macbeth
- Metal Inquisitor
- Sturm und Drang
- Warlock
- Stormwarrior
- Monster Magnet
- Ratt
- Hammerfall
- Manowar
- Testament
- Megadeth
- Anthrax

Klingt furchterregend – und genau das soll es ja auch.
Aber egal, auch Doom Metal und Metalcore, Progressive
oder Power Metal, Emo, Grunge und Prog Rock, Gabber
und Goa mischen sich immer wieder in Crossovers, und
die Kids wechseln die Szenen bisweilen so schnell wie die
Biermarken. »Jugendkulturen«, so Farin, »sind vor allem
Konsumkulturen. Sie wollen nicht die gleichen Produkte

konsumieren wie der Rest der Welt, sondern sich gerade durch die Art und Weise ihres Konsums von dieser abgrenzen. Der Konsum vor allem von Musik, Mode, Events ist ein zentrales Identifikationsmerkmal von Jugend.«

Was Farin so schön überhöht analysiert, kennen wir aus der täglichen Anschauung: Nicht die Grüne Jugend oder die lokale Jugendgruppe des Deutschen Alpenvereins ist für Szene-Kids wichtig, sondern die Peergroup, die sich in den richtigen Klamotten in der richtigen Szenebar mit der richtigen Musik trifft. Das ist Heimat, das sind Werte, die man sehen kann.

Heimat kann wechseln, ja, sie wechselt sogar regelmäßig. Cornelius, ein Freund des Hauses von zarten 16 Jahren, hat seine innere und äußere Heimat bereits so oft gewechselt wie ein 30-jähriger fahrender Geselle. Mit 14 Jahren kam er als Punk ins Haus: schreiend gelbe Hose, die riesigen Löcher mit Sicherheitsnadeln zusammengehalten, neongelbe Irokesen-Frisur, Megaboots. Ein halbes Jahr später tauchte Cornelius dann als Gruftie vor uns aus der Versenkung auf: schwarzer langer Mantel, schwarze lange Haare, schwarzes Hemd. Mittlerweile zeigt sich der junge Mann gern ein wenig anachronistisch, wenn man die Finanzkrise und ihre Folgen betrachtet: als schnieker Anzug-Heini, Marke Bankmanager. Wer morgens um neun Uhr bei ihm klingelt, um ihn zum Volleyballturnier abzuholen, dem wird die Tür von einem 16-Jährigen in gedecktem Anzug mit Schlips auf dunklem Hemd und frisch gewienerten Budapestern an den Füßen geöffnet. (Dazu als Fußnote: Immerhin zum Volleyballspiel zieht er sich um.)

Cornelius passt gut in diese Welt. Wer Teenager fragt, was ihnen im Leben wichtig ist, kriegt als Antworten: Freunde, Hobbys, Familie, Geld. Aber auch: Weltfrieden und eine saubere, gesunde Umwelt. Erwachsene sagen dasselbe, aber weil ihre Welt in Teilen eine andere ist und sie zudem geldgierig, pessimistisch, spießig und deshalb anders konditioniert sind, antworten sie auch: Wichtig sind Arbeitsplätze, Sicherheit, geringere Steuern, geringere Sozialabgaben, höhere Löhne.

Im Grunde haben 16-Jährige, 36-Jährige und 56-Jährige die gleichen Sehnsüchte, wie die *Shell Jugendstudie* jedes Jahr belegt: Auch Jugendliche streben nach Sicherheit und Einfluss und sind leistungsbereit, sagt einer der Verfasser der Studie, der Sozialforscher Klaus Hurrelmann. 75 Prozent halten Fleiß und Ehrgeiz für wichtig, etwa 70 Prozent glauben aber auch, eine Familie sei wichtig zum Glücklichsein. Die Kids wollen einen guten Job und eine gute Karriere, Kinder, ein Haus und ein, zwei Autos – exakt das alte, konventionelle, wunderbare Paket mit Rundum-Versorgtsein-Garantie.

## SPDCDUFDPCSUGRÜNELINKE – nein danke!

Was sie immer weniger wollen, unsere Kinder: die klassische Parteipolitik mit ihren ritualisierten Mustern und Werkzeugen. Vermutlich auch deshalb, weil sie sich immer weniger in ihr finden und immer weniger in ihr zurechtfinden.

Auch das untersucht der Sozialforscher Hurrelmann in

der renommierten Shell-Studie regelmäßig: Nur noch 34 Prozent der Jugendlichen bezeichnen sich als politisch interessiert, vor 20 Jahren waren es fast 60 Prozent. Der Bundesregierung, den Parteien, den Gewerkschaften vertraut man nicht, und eine traditionelle politische Selbsteinordnung fällt auch immer schwerer, fast 40 Prozent der jungen Leute glauben, keine Partei könne die aktuellen Probleme lösen. Und: Auch wenn sich die Mehrheit irgendwo links von der Mitte einordnet, nimmt die Zahl der Rechtsradikalen zu. Insbesondere in den alten Bundesländern ist es sogar ein Drittel aller Jugendlichen, die sich gar keiner Partei nahe fühlen.

Wie auch? Teenager verstehen den Politikslang gar nicht und wollen ihn nicht verstehen. Sie wollen sich engagieren, aber anders als die Eltern, da helfen auch keine anbiedernden Internetauftritte der Traditionsparteien für die Jugend. Was die Kids tun, muss nicht die Welt verändern, aber es muss unbedingt Spaß machen. Die Alten, also beispielsweise wir, verstehen das wiederum überhaupt nicht. Bei uns gilt: Nachrichten gucken ist ein Muss, Zeitung lesen auch, zum Wählen gehen sowieso. Andererseits: Was tun wir denn eigentlich, um die Welt zu verändern? Reicht da schon die Einzugsermächtigung für Greenpeace?

Kurzes Zwischenspiel mit einem Blick zurück. Vor vier Jahren meldete sich Jerry mit dieser Frage:

»Papa, was ist eigentlich eine Bundeskanzlerin?«

Vater sucht nach einer verständlichen Antwort, die die Komplexität des politischen Systems und seine Bedeutung für diese Gesellschaft für ein Kind nachvollziehbar macht:

»Das ist eine ganz wichtige Frau, die in Berlin wohnt und zusammen mit vielen klugen Menschen, der sogenannten Bundesregierung, täglich darüber berät und entscheidet, was für unser Leben und unser Land wichtig ist.«

»Also zum Beispiel darüber, ob ich in die Schule ein Nutellabrot mitnehmen darf? Das ist für mein Leben wichtig.«

Vater lächelt gütig und sucht ein Beispiel, das in die Lebenswelt eines Siebenjährigen passt: »Nein, Jerry, die Bundeskanzlerin und die Bundesregierung sorgen zum Beispiel dafür, dass auch arme Kinder in Deutschland Geld für ein Nutellabrot haben, außerdem sorgen sie dafür, dass auf der Nutella draufsteht, wie viel Zucker sie enthält und ob Zucker gesund ist.«

Kind ist verwirrt. Ob die Bundeskanzlerin auch Nutellabrote mit ins Kanzleramt nimmt?

Vor Kurzem folgte dann dieses Gespräch, mit einem Elfjährigen:

»Papa, wie findest du eigentlich die Bundeskanzlerin?«

Vater windet sich, sucht nach Argumenten, er will dem Kind ja umfassend antworten: »Also, ich finde es gut, dass eine Frau Kanzlerin ist, und sie ist auch sehr kompetent, aber … (er redet sich warm) ihre Politik ist zu wirtschaftsfreundlich, der Atomkompromiss war ein Kotau vor der Energielobby, die Gesundheitspolitik ist vor allem eine Kostensteigerungspolitik, und die Hartz-IV-Erhöhung um fünf Euro war purer Zynismus.«

Sohn unterbricht verständnislos: »Und wer ist dann besser?«

Vater: »Na ja, die SPD ist ja seit der Wahl in der Versenkung verschwunden, die Grünen haben sich bei Stuttgart 21 total opportunistisch gezeigt, die Linken sind eh unwählbar ... «

Sohn versteht nur Bahnhof, er weiß aber jetzt immerhin, dass Politiker alle doof sind.

Und wie sieht ein Dialog aus, wenn das Gegenüber 17 Jahre alt ist und sich gerade auf eine Klausur im Schulfach Wirtschaft und Recht vorbereitet?

»Papa, was heißt das, wenn in der Zeitung steht (Sohn liest zögernd den schwer verständlichen Text vor): ›Die Bundeskanzlerin argumentiert, dass durch die Emission gemeinsamer Staatsanleihen ein erhebliches Wettbewerbselement zwischen den Ländern entfällt, wobei die divergierenden Zinssätze der Euro-Länder ein Ansporn seien, die Vorgaben des EU-Stabilitätspaktes zu erfüllen. Im Fall gemeinsamer Staatsanleihen müsste Deutschland eine höhere Risikoprämie zahlen ...‹ – Papa, hat die Merkel jetzt recht oder nicht?«

Vater schweigt, greift nach der Zeitung, liest nach, zuckt schließlich die Schultern: »Das ist eine komplizierte Materie, darüber muss ich erst mal nachdenken.« In Wirklichkeit hat er keine Ahnung. Was wiederum sein Sohn sehr wohl ahnt.

Seinen Kindern Politik nahezubringen, ist also eine fast schon vergebliche Sache. Aber vielleicht waren früher die Fronten klarer? Eltern waren dereinst im Zweifel eher konservativ, man selbst war irgendwie anarchistisch, jedenfalls: gegen alles. Heute sind die meisten Eltern dort angesiedelt, wo sich Union, SPD und Grüne um die Mitte streiten, und ihre Kinder können sich vor lauter politischem Blabla-Liberalismus nur noch dadurch abgrenzen, dass sie Politik insgesamt für blabla halten. Vielleicht waren die Lager früher überschaubarer? Vielleicht war es auch nur einfach schicker, Politik schick zu finden? Als die Autorin 17 war, gab es – zumindest im Nebel der verklärenden Erinnerung – nur eine Grundbedingung und zwei Möglichkeiten: Jeder war politisch interessiert und entweder Reaktionär oder Kommunist. Die Reaktionäre engagierten sich in der Schülerunion und später im RCDS, sie trugen Faltenröcke und Pullover mit V-Ausschnitt. Die Kommunisten waren im KBW oder in der KPD/ML – oder, wenn sie Weicheier waren, bei den Jusos, lasen nach der Schule in Arbeitsgruppen das Kommunistische Manifest und diskutierten darüber, ob man als Linker ein Sofa im Zimmer haben durfte, oder ob das schon zu bequem und damit zu bourgeois war. Die Schülerzeitung, bei der vor allem die Linken mitmachten, wurde ab und zu wegen Unbotmäßigkeiten verboten, und überhaupt waren das, ach, im Rückblick revolutionäre Zeiten.

Die Älteren und Alten, die neuen alten Wutbürger der Eltern- und Großelterngeneration, sind daher megastolz darauf, dass sie Sit-ins gegen die Fahrpreiserhöhung bei den Öffentlichen Verkehrsmitteln gemacht haben, dass sie bei der legendären Bonner Hofgarten-Demo gegen die Pershings und in Wackersdorf dabei waren. Aber: Die Fahrpreise wurden trotzdem erhöht, die Pershings von der Geschichte geschreddert, und der Atomausstieg wurde erst durch die Katastrophe in Japan beschleunigt. Was also haben wir alten Angeber erreicht?

Klaus Farin, oben schon ausführlich erwähnter Leiter

vom Berliner Archiv der Jugendkulturen, nimmt die »Jugend von heute« vor dem Vorwurf in Schutz, sie sei unpolitisch, bequem und ausschließlich konsumorientiert. Die berühmten 68er zum Beispiel würden den Kids heute immer als leuchtendes Beispiel vorgehalten – eine ganze Generation sei da auf die Barrikaden gegangen, politisiert und engagiert. (Manch einer findet zwar, diese Generation habe eine Axt an die Werte der Zivilisation gelegt und sei schuld daran, dass heute moralische Verwahrlosung herrscht, aber dass in dieser Zeit echt was abging, das bestreitet keiner.) Farin rechnet indes vor, dass es gerade mal 3 bis 5 Prozent der Schüler und Studenten waren, die damals auf die Straße gingen, und dass die *Bravo*-Charts Ende der Sechziger nicht etwa die Rolling Stones, Janis Joplin oder Jimy Hendrix als beliebtesten Jugendkünstler verzeichnet hätten, sondern einen gewissen Gerhard Höllerich, genannt: Roy Black. »Es waren Minderheiten, die sich damals engagierten und denen es gelang, einer ganzen Generation ihren Stempel aufzudrücken.«

Unsere Kinder jedenfalls hören uns immer etwas befremdet zu, wenn wir sentimental von den wilden alten Zeiten erzählen, und sagen dann:

»Wie lächerlich ist das denn, sich wie bei einer Kaffeefahrt mit hunderttausend anderen in Bussen zu irgendwelchen Demonstrationen fahren zu lassen? Und mit welchem Recht habt ihr euch toll gefühlt, als ihr bei der Münchner Lichterkette mit Kerzen gegen Rassismus protestiert habt, anstatt echt was zu machen und im Ayslbewerberheim Deutschunterricht zu geben? Wie albern ist es denn, gegen Atomkraft zu sein, aber bis heute den Stromanbieter nicht auf Ökostrom gewechselt zu haben?«

Da ist sie wieder, die Inkonsequenz, und dann sind wir erst mal ganz still, bevor wir uns vornehmen, spätestens nach der Verrentung, dann aber auch wirklich ehrenamtlich als Leselotse für Hauptschüler zu arbeiten, bei einer Partei unseres Vertrauens in die Seniorengruppe einzusteigen und einen Teil unserer Rente an Patenkinder in der Dritten Welt zu spenden. Eben all das, was leicht geht und nicht zu viel Aufwand kostet.

## Ideale, Idole, Idioten

Wir Eltern wollen uns bessern, ehrlich, wollen selbstkritisch sein und vorleben, was wir predigen, und gute Vorbilder sein. Wir wollen zwar, dass unsere Kinder gut erzogen sind, jeden Tag eine gute Tat vollbringen, eine gute Allgemeinbildung haben, aber wir wollen das quasi alles ohne jeden Druck erreichen, dadurch, dass wir als gute Beispiele vorangehen. Der Familientherapeut und Beratungs-Guru Jesper Juul rät ja auch immer, seinen Kindern total viel Verständnis und wahnsinnig viel Vertrauen entgegenzubringen und ihre Botschaften wirklich hören und verstehen zu wollen. Was in Juuls Augen gar nicht geht, ist exakt das Rezept, das wir bisher beherzigt haben: Botschaften auszusenden wie »Jetzt lies doch mal was anderes als den Sportteil«, »In Deinem Alter hatte ich schon die halbe Weltliteratur verschlungen, während ihr heutzutage immer nur diesen Vampirschrott lest«, »Wer einen Führerschein machen will und sich dafür Geld von Oma und Opa schenken lässt, könnte auch mal anrufen und danke sagen«. Oder: »Wie – du weißt nicht, wann die Mauer fiel?«

Mag sein, dass Jesper Juuls Kinder artig Danke sagen, sich keinen Vampirschrott reinziehen und auch genau wissen, wann die Berliner Mauer gefallen ist – unsere jedenfalls hinterlassen da den einen oder anderen Zweifel. Wie also die entsprechenden Botschaften so aussenden, dass sie auch ankommen? Wir verstehen unsere Kinder ja durchaus, und wir vertrauen ihnen auch, aber eben nicht immer und ständig. Bleiben wir beim Beispiel Mauerfall. Gefragt ist also eine total emotionale Botschaft, ohne jeden Vorwurf, dass die Kinder dieses historische Datum nicht genau draufhaben. Gut, dann beginnen wir eben zu erzählen: wo wir beide waren, damals, am 9. November 1989, dass die Mama zufällig in Berlin war und nachts geweckt wurde, sie müsse rausgehen, die Mauer sei offen, wie die Menschen am Brandenburger Tor über die Mauer kletterten, wie die Grenzübergänge aufgingen und Trabi um Trabi rausfuhr, wie sich Ostler und Westler in den Armen lagen – und dann passiert es: Wir haben regelmäßig vor Rührung über diesen großen historischen Tag Tränen in den Augen, wollen diese Rührung auch in den Augen der Kinder gespiegelt sehen, aber die sind während der ausufernden Schilderungen dieser Wahnsinnsnacht schon längst – peinlich berührt und ein klein wenig gelangweilt – leise aufgestanden und vor die Glotze gezogen. Vermutlich auf der Suche nach einem Programm, das echte Emotionen und noch viel mehr Tränen bietet, so wie »Frauentausch« oder »X-Diaries« vielleicht.

Zwei peinlich berührte Eltern ziehen hinterher. Vielleicht war das auch zu viel, wer die deutsche Teilung nicht selbst erlebt hat, der versteht vielleicht als Teenager nicht... Keine Zeit zum Nachdenken, Jauch geht los. Wir schauen mit den Kindern oft gemeinsam »Wer wird Millionär?«. Dieses Mal sitzt ein 25-jähriger Kandidat vor Günther Jauch auf dem Stühlchen, trinkt sein Wässerchen, und auf die Frage »Wie hieß der erste Bundeskanzler der Bundesrepublik Deutschland – Micky Maus, Donald Duck, Wladimir Putin oder Konrad Adenauer?« antwortet er: »Das weiß ich nicht. Das war vor meiner Zeit.« Das ist der Moment, in dem Mutter und Vater sich still und leise einen Schnaps genehmigen und mit ihrer anspruchsvollen Lektüre ins Bett gehen. Er mit *auto, motor sport*, sie mit *essen & trinken*. Irgendwer muss sich schließlich in diesem Hause weiterbilden.

Ach, es gibt so viele Debatten an unserem Küchentisch, in denen vor allem wir Eltern uns nicht mehr zurechtfinden.

*Streitfall 1: Das Kind will in den Krieg ziehen.*
Wir, die spießigen Eltern, fielen ziemlich vom Stuhl, als Lukas uns seine Überlegungen darüber mitteilte, dass er sich doch eventuell bei der Bundeswehr verpflichten und dort studieren könnte. Unser Sohn? Zum Bund? Plötzlich ragte der Hindukusch schroff auf unserem Küchentisch empor. Wo doch der Vater Pazifist ist und verweigert hat? Wo doch Zivildienst für einen Vater, der einst jahrelang in seiner Freizeit körperlich und geistig behinderte Kinder betreut hat, die einzig vertretbare Entscheidung war?

Andererseits, der Wehrdienst ist abgeschafft, der Zivildienst auch. Es gibt ihn, den Bürger in Uniform, es gibt eine moderne Armee und die Verteidigung westlicher Werte auch an vielen Orten dieser Welt. Lukas hat jedenfalls keine ideologischen Probleme mit der Bundeswehr. Er befasst sich, wie die meisten Jugendlichen in seinem Umfeld, überhaupt nicht mit irgendwelchen Ideologien. Er findet, Uniformen seien eine coole Sache, und auf dem PC sieht Krieg immer so schön überschaubar aus. Die Bundeswehr sei auf dem Weg, sagt er, eine moderne, verschlankte Truppe mit guten Aufstiegsmöglichkeiten und klaren Hierarchien zu werden. Deutsche Soldaten in Afghanistan? Vor der libanesischen Küste? Im Kosovo? Sprengfallen? Trauma? Tod? Lagerkoller, Einsamkeit, Macho-Wahn? Kein Thema für den jungen Mann, eher wird auf den beeindruckend fitten Kumpel aus der Parallelklasse geschaut, der auf jeden Fall zum Bund will und schon mal seine Muckis für den Konkurrenzkampf mit anderen Tarnfarben-Anhängern trainiert. Wie die Welt aus der Luke eines Panzers heraus aussieht – und ob oder vor allem wie man sie schützen will –, das ist offenbar nur bedingt eine Debatte wert.

Andererseits: Selbst viele weitaus ältere Menschen haben zu deutschen Soldaten in aller Welt keine so rechte Meinung. Was halten wir eigentlich von Soldaten in Afghanistan? Nation-Building ja, Brunnen und Schulen bauen ja, aber bitte nicht schießen? Oder doch lieber raushalten aus den Kriegen anderer, den Kopf in den Sand stecken, immer schön pazifistisch bleiben, wo doch auch unsere Freiheit am Hindukusch verteidigt wird, wie der

Motorrad- und Schnauzbart-Verteidigungsminister Peter Struck so schön sagte? Wir persönlich waren ja gegen diesen Krieg, aber nun, da er geführt wird: Kann man einfach wieder abziehen und sagen »Sorry, wir haben uns geirrt«? Fragen über Fragen, keine eindeutige Meinung, und dann dem Kind sagen wollen »Das, was du vorhast, ist falsch«?

*Streitfall 2: Das Kind will in eine Partei eintreten*
Hannah hat sich neuerdings entschlossen, anders zu sein als die Schlaffis und unpolitischen Weicheier in ihrem Freundeskreis: sie interessiert sich für Politik. Und das nicht erst, seit sie sich für einen Klassenkameraden schämte, der auf einer Schülerreise nach Leipzig in der dortigen Straßenbahn laut und vernehmlich ausrief: »Hier riecht es ja nach Armut und Hartz IV.« Vor einigen Monaten ist Hannah in eine Partei eingetreten. Da wir in Bayern leben und diese Partei nicht die CSU ist, hat sie wenige Mitglieder und noch weniger Nachwuchs, weshalb Hannah schon nach dem zweiten Treffen in den Regionalvorstand der Parteijugend gewählt wurde. Sie ist jetzt also schon in der Politik »angekommen«, wie es neuerdings so schön heißt. Und was genau passiert dann? Man trifft sich ab und zu zum Stammtisch und klärt dort, wer zu welcher Parteiversammlung delegiert wird. Inhaltlich ist eher wenig los, was vielleicht ein Grund dafür ist, dass Hannahs Engagement für die Parteipolitik schon jetzt ein wenig zu erlahmen beginnt. Eine Entwicklung, die ihre boshaften Eltern natürlich sofort mit faden Sprüchen quittieren. Wenn sie zum Beispiel ihren neuen Status als

hochrangige Parteipolitikerin zur Schau stellt, fragen wir gerne ab und zu höhnisch nach, ob es denn außer dem einen oder anderen Papier schon mal eine echte Aktion gegeben habe. Und dann, wenn wir allein sind und einander in die Augen schauen, schämen wir uns furchtbar über unsere Hybris. Sollte man nicht dankbar sein, dass der eigene Nachwuchs sich für die Zukunft der Welt engagiert, auch wenn das vorwiegend alle sechs Wochen eine Stunde lang beim politischen Stammtisch in einer bayerischen Eckkneipe passiert?

*Streitfall 3: Das Kind will in die Dritte Welt*
Immerhin: Hannah will auch ins Ausland, für ein Freiwilliges Soziales Jahr. Tolle Sache, sehr ehrenwert. Wollen jetzt ja viele, wo die Unis so voll sind und ein verdammt langes Arbeitsleben droht. Die Anbieter des Freiwilligen Sozialen Jahrs (FSJ) und Freiwilligen Ökologischen Jahrs (FÖJ) werden derzeit nachgerade überrannt, und viele stöhnen unter dem Ansturm gut ausgebildeter, motivierter, aber auch ziemlich verwöhnter Teenager, die glauben, so ein FSJ im Kinderheim in Vietnam sei ein billiger Ersatz für eine Abenteuerreise ohne Mama und Papa.

Hannah will aber nicht in einem Kinderheim oder mit Straßenkindern arbeiten, auch nicht in einem Krankenhaus oder in einem Altenheim. Lieber was Gesellschaftspolitisches, Völkerverständigung vielleicht, Friedensarbeit wäre toll. Wir unterstützen das alles natürlich nach Kräften, auch wenn gelegentlich der Verdacht in uns aufkeimt, dass so manche dieser Organisationen von dem Geld, das die FSJ-ler quasi als Eintrittsgebühr mitbringen sollen, recht gut leben kann. Oder wie soll man folgende Anweisung einer gemeinnützigen Dritte-Welt-Initiative verstehen, die der hoffnungsfrohen Bewerberin wörtlich mit auf den Weg gibt: »Sofern Du engagiert mitziehst und Deine To-do-Liste zuverlässig abarbeitest, wollen wir Dich gerne in unserem Team haben… Worauf es ankommt: Spenden sammeln & Soli-Aktionen. So lange wir nicht wissen, ob Dein Einsatz über unsere Organisation gefördert wird, setze Dir bitte möglichst das Ziel, 3500 Euro zu sammeln.«

Ob sie dort gut aufgehoben wäre, wird sich nicht mehr klären lassen, denn Hannah hat ihre Bewerbung für diesen Verein zurückgezogen. Gleichzeitig haben auch wir zurückgezogen, nämlich unsere bange Frage, ob die Straßenkinder in Laos oder die Aidswaisen in Gabun wirklich profitieren von 19-jährigen, unerfahrenen, unausgebildeten Hilfskräften, die daheim schon protestieren, wenn sie mal das Gästeklo putzen sollen.

## Politikfasten

Zurück zur Jugendkultur. In einem großartigen Aufsatz für die Reihe *Aus Politik und Zeitgeschichte* schreibt Beate Großegger, Jugendkultur finde heute weitgehend im politikfreien Raum statt. In den Sechzigerjahren gab es die Studentenbewegung, in den Siebzigern die Anarchisten und das Motto »Macht kaputt, was euch kaputt macht«, in den Achtzigern kamen die Abrüstungsdebatte und die Anti-Atomkraftbewegung, seit den Neunzigern eine erstarkende rechte Bewegung und eine »Politikdistanz« – ein, wie Großegger es nennt, »Politikfasten«. Kids gehen wählen, aber sie halten sich raus: »Demokratie, so wie sie von Jugendlichen heute verstanden wird, ist im Wesentlichen eine Zuschauerdemokratie, in der die Bürger sich durch die Programme zappen.« Sie versuchten, so die Jugendforscherin, lieber durch Teilhabe an fröhlich bunten Konsum- und Erlebniswelten Ablenkung von den Problemen der Zeit zu finden.

Trotzdem – oder vielleicht auch gerade deshalb – engagieren sich immer noch viele Jugendliche überall da, wo sie gemeinsam mit anderen die Welt erleben und verändern können. Gegen den Castor-Transport, auf dem Kirchentag, in der Evangelischen Jugend, bei der Freiwilligen Feuerwehr, bei Rettungsdiensten, in der Schülervertretung, im Tierschutz oder in einer Bürgerinitiative, im Sport-, Orchester- oder Wanderverein.

Und wir Eltern? Spielen gern das Taxi zur Feuerwehrübung, zum Umweltaktionstag des Wandervereins oder zur Spendensammelaktion der Schule für ein Waisenhaus in Somalia. Wir wollen, dass sich unsere Kinder auch außerhalb der Familie engagieren und sozial verantwortliches Verhalten lernen. Damit sich das auch zu Hause auswirkt und sie auch daheim die Welt retten, indem sie die Wurst nicht auf dem Tisch verschimmeln lassen, sondern wieder in den Eisschrank zurücklegen, indem sie nicht jedes einmal getragene T-Shirt in die Wäsche werfen, indem sie auch ihren alten Eltern mal einen Tee bringen und nicht nur fragen: Warum ist der Kühlschrank leer? Und damit sie wissen, dass die Antwort im Wissensquiz lautet: »Der erste Kanzler der Bundesrepublik Deutschland hieß Konrad Adenauer.« Denn wer das weiß, könnte immerhin bei Günther Jauch ein paar Tausender gewinnen und damit die Familienkasse aufbessern.

»Und wieso geht Papa dann nicht zu ›Wer wird Millionär?‹«

»Weil er schon bei der 200-Euro-Frage scheitern würde!«

»Aber bei 200 Euro geht's doch gar nicht um Adenauer, sondern um SMS oder Heavy Metal!«

»Eben, das ist ja das Problem!«

# BIN ICH SCHÖN?

## Körperkultur und der Trend zum Körperkult

Wo genau liegt das Paradies auf Erden? Wo ist alles super schön und wahnsinnig toll? Genau: in London. Und es geht sogar noch genauer: Burlington Gardens, Hausnummer 7 lautet die Adresse jenes Ortes, an dem alle Träume in Erfüllung gehen. Jedenfalls die unserer Kinder. Denn genau dort ist die Filiale, ach was: der Tempel von *Abercrombie & Fitch* beheimatet, der angesagtesten aller In-Marken. Glauben zumindest unsere Kinder. Und dass sie es ernst damit meinen, können wir bestätigen, denn wir haben ihre Augen gesehen, als wir mit dabei sein durften beim langsamen Vortasten ins Allerheiligste … aber vielleicht erzählen wir das alles besser der Reihe nach.

Wir waren für ein verlängertes Wochenende nach London geflogen, einfach so. 9,90 Euro sollte der Flug pro Nase kosten, gerade günstig genug für eine chronisch unterernährte Familienkasse. Mit der S-Bahn in die Stadt und wieder zurück wäre auch nicht billiger gekommen (das ökologische Familiengewissen wird kurzerhand ausgeschaltet. Wer will schon ein schlechtes Gewissen haben, wenn er stattdessen Spaß haben kann; selbst Hannah war korrumpierbar, sie schwieg in Vorfreude auf London und diskutierte nicht über ihren ökologischen Fußabdruck).

Gebucht wurde bei jener irischen Billigfluglinie, die sich für ihren süddeutschen Standort Memmingen den hübschen Euphemismus »München-West« hat einfallen lassen – und das bei einer Distanz von schlappen 140 Kilometern im Auto. Egal, das Schnäppchen wollte geschnappt werden, inklusive aller unerwarteten Zusatzkosten, die beim Onlinebuchen noch schnell dazukommen können, wenn man zum Beispiel beabsichtigt, einen Sitz- anstelle eines Stehplatzes einzunehmen oder die Frage »Wünschen Sie zusätzlich zum Startvorgang auch eine Landung an Ihrem Zielflughafen für zzgl. 25 Euro?« mit Ja zu beantworten. Da passte es dann auch ins Bild, dass das kleine, miese, schäbige und unfreundlich geführte Hotel unweit der Waterloo Station unverfroren den Rest des beim Flug eingesparten Geldes einstrich – aber wie gesagt: alles völlig egal. Hauptsache, wir waren in London. Und mittendrin im strömenden Regen.

Die Regent Street war überfüllt mit schlechtgelaunten Menschen, die sich gegenseitig ihre Einkaufstaschen in die Knie knallten und die Regenschirme ins Gesicht stachen. In überfüllten Cafés prügelten sich alte Damen um die letzten Stühle, draußen wurde der Regen zu Hagel. Na und? Wir waren unbeeindruckt und zielstrebig unterwegs, noch einmal rechts um die Ecke und weiter geradeaus, und da war es auch schon, das schlammgelbe Stadthaus, ohne Schriftzug über der Tür: die Welt von »Surfin' USA«, »California Dreamin'«, »Material Girl«. Der Traum aller Teenager, das erste und letzte Ziel aller Klassenfahrten aus dem kontinentalen Europa, der Wallfahrtsort aller jungen Modejunkies: *A & F.* Eine Abkürzung, die den aus der Zeit gefallenen männlichen Autor natürlich sofort an *C & A* erinnert – aber machen Sie damit mal Eindruck auf heranwachsende Young Fashion Members!

Zugegeben, *Abercrombie & Fitch,* die trendige Kleiderfirma aus Ohio (USA), verkauft auch nur Hosen und T-Shirts, Hemden und Jeans, Bikinis und Tanktops, wie es Dutzende andere In-Marken tun. Aber sie tut das mit mehr Erfolg als die anderen. Ganz im Stil einer Geheimloge. Es begann schon mit dem Empfangskomitee: zwei jungen Männern mit gut trainierten Oberkörpern, unbekleidet bis zum Nabel (von oben her betrachtet), mit glattrasierten Gesichtern, einen Finger lässig in den Jeansbund geklemmt, die blonden Haartollen aus dem Gesicht gekämmt. Davor Horden kreischender Mädchen mit verwischter Wimperntusche und Fotoapparaten, dazwischen vereinzelte Mütter, die von ihren Töchtern mitgeschleppt wurden und nun etwas verwirrt, aber auch entzückt dort hineinstrebten, wo Beats in einer Lautstärke von gefühlten 130 Dezibel heraustönen.

Drinnen herrscht ewige Party, ewiger Sommer, ewige Jugend. Viele kleine, dunkel getäfelte Räume, Holztische voll mit Kleidern, man schiebt sich von Zimmerchen zu Zimmerchen, und mittendrin stehen wieder junge, schöne Männer mit halb offenen Hemden, um den Waschbrettbauch in Szene zu setzen, die Hemdsärmel hochgerollt, um den Bizeps zu zeigen. Ganze Casting-Crews müssen durch Londons Fitnessclubs gezogen sein, um so viel makellose, weiße Schönheit einzusammeln. Hannah und Lukas verstanden die Welt nicht mehr: Wie kann man nur so gut aussehen? Und wie wird man selbst zum *A & F*-Typ?

»How are you doing today?«, säuseln die jungen Beaus, und die jungen Mädchen, unter ihnen auch Hannah, der Bewusstlosigkeit nahe, hauchen zurück: »Fine.« Ob die blaue Sweatshirt-Jacke auch in M vorrätig ist und nicht nur in S, das wissen diese Götter der Schöpfung und des Körperkults nicht, sie sind ja auch *Store Models* und keine ordinären Verkäufer. An den Wänden riesige Poster, darauf – Überraschung – halbnackte, sehr hübsche Männer, in Szene gesetzt vom Kultfotografen Bruce Weber, der stilistisch ein bisschen Arno Breker und ein bisschen Leni Riefenstahl mit Werbepostern für Schiesser-Unterhosen vermischt hat.

Alles sehr sexy, wie übrigens auch die beiden Menschen, Männlein und Weiblein diesmal, die auf einer gusseisernen Empore tanzen und Blickfang für all jene sind, die schon immer mal beim Kauf eines karierten Herrenhemdes eine gemischt-geschlechtliche Chippendales-Einlage genießen wollten. Ach ja, die Kasse: Wartezeiten von einer halben Stunde sind unterer Durchschnitt, dafür fügen sich die Preise mühelos in die obere Mittelklasse ein. Das börsenorientierte Unternehmen produziert nicht für die Dicken, nicht für die Pickeligen, nicht für die Durchschnittlichen, nicht für die mit dem *H&M*-Portemonnaie, nein, *A&F* zielt mit seiner Mode vor allem auf weiße, wohlhabende Collegeboys und -girls. Und die Kids in Europa, die in der Schule lieber mit einer *Prada*-Tasche renommieren als mit 15 Punkten in Bio, finden das offenbar toll.

Hannah erstand ein T-Shirt, Lukas einen Kapuzen-Pullover, wobei das riesige, aufgenähte *A&F*-Logo in Weiß der blauen Grundfarbe kaum eine Chance ließ. Dafür war auf der Einkaufstüte nicht viel mehr zu sehen als ein verstümmeltes »Aber ... & Fi...« vor halbnackten Oberkörpern, natürlich. Gott, kann Einkaufen aufregend sein! Lukas trägt seinen Pulli noch heute voller Andacht und hütet ihn wie sonst keines seiner Kleidungsstücke. Kurz darauf reiste er übrigens zu einem Schüleraustausch in die USA. Und wie sahen wohl seine Vorbereitungen dazu aus? Sich über Land und Leute informieren? Die Geschichte Oregons studieren? Oder doch viel lieber auf *Google* gucken, ob es in Portland einen *A & F*-Shop gibt? ... guess, what! Auch Hannah denkt garantiert jedes Mal, wenn sie sich ihr T-Shirt überstreift, an die hemdlosen Herren im Eingangsbereich zur Londoner Bodenstation des überirdischen Paradieses, dessen Mutterkonzern übrigens – nur so nebenbei erwähnt – weltweit mehr als zwei Milliarden Dollar Gewinn macht.

 ## Kleiderpuppen

Dass Werbung so funktioniert und Mode auch, war immer klar. Dass aber unsere Kids quasi auf Knopfdruck wie die Labormäuse darauf anspringen, das war neu. Uns Eltern jedenfalls. Wo doch jede Form von Körperlichkeit und bloßer Zurschaustellung einerseits ein ewiges Thema ist, andererseits schnell zum Problem für die Pubertäter werden kann. Okay, solange das im Fernseher oder auf der Leinwand stattfindet, ist alles egal. Da können die prallen Dekolletés minderjähriger Tussis und die dick aufgetragenen Sex-Sprüche aufgeregter Baseball-Cap-Träger noch so auf- wie eindringlich inszeniert sein, unsere Kinder erleben das wie Nachrichten aus einer anderen Welt. Den eigenen Körper halbnackt und bemalt zur Schau zu stellen, ihn zu präsentieren und damit anzugeben, samt aller Schwachstellen und Mängel, das würde ihnen nie in den Sinn kommen. Exhibitionismus findet nur virtuell oder verbal statt.

Sich per Outfit lächerlich zu machen, das ist gefährlich. Da muss man sich, wenn man sich dem Mainstream entziehen will, schon jeweils seine entsprechende und solidarische Peergroup suchen. Sicherer ist, so auszusehen wie die allermeisten, und das heißt: Modeterror. Denn es ist durchaus wichtig, was einer trägt. Letztlich haben zwar (fast) alle das Gleiche an – *Zara*, *H & M*, *A & F* (siehe oben), die Wohlhabenderen auch gern *Hilfiger*, *Ralph Lauren*, *Polo*, *Quiksilver* oder so. Je teurer, desto besser, wie auch folgender Dialog im Netz zeigt:

*Seppi92* fragt: »Was ist die teuerste Modemarke, so Stil für Jugend? *Hilfiger*, oder gibt's noch teurere?«

Unsereins denkt sich: Süß, lieber *Seppi92*, lass dir sagen: Ja, es gibt viel teurere. Schließlich werden immer mehr Kinder von ihren Eltern gern in teure Klamotten gesteckt, damit das Statussymbol Kind schon in früher Jugend auch was hermacht, bevor das jugendliche Kind mit Statussymbolen was hermacht.

Aber weiter im Chat: Irgendeiner rät zu: *Ed Hardy*, aber *Centurium* schlägt *Armani* vor und kontert arrogant:

»*Ed Hardy* ist was für Türkenkinder.« Daraufhin fragt GWEN89, ob *Seppi92* denn unbedingt teure Klamotten brauche, um cool zu sein. Worauf *Seppi92* sagt, was die meisten Kids in seinem Alter sagen würden: »Ne, aber man muss ja sehen, dass ich kein Penner bin. Ich kann ja nicht no name tragen oder so. Weil Geld macht eben sexy.«

Genau. Wir Eltern können noch so oft selbst bei *H & M* einkaufen, um zu demonstrieren, dass der aufgeklärte Mensch sich nicht über sein Äußeres und vor allem nicht über den Markenwert seiner Klamotten definiert – Jugendliche sehen das anders. Sie sagen zwar, sie wüssten schon, dass vor allem innere Werte zählen. Aber einen *Moncler*-Anorak würden sie, wollte die Patentante ihnen partout einen schenken, nicht zurückweisen. Man gönnt sich ja sonst nichts. In gewissen Kreisen lässt man sich solche Edelteile nicht schenken, sondern klaut sie. Das gibt einen Kick und macht das edle Teil noch edler. So etwas kommt gern auch an besonders guten Münchner Schulen vor, wie eine Freundin zu berichten weiß, die zwei pubertierende Söhne und eine pubertierende Tochter hat. Auf dem Schulhof tauchen regelmäßig Schüler aus anderen, ebenso guten Schulen auf und erpressen oder erzwingen sich per Gewalt den Besitz von Lederjacken oder teuren Sakkos. Gemeldet wird das selten, eher wird zurückgeklaut. Diebstahl von noblen Sakkos durch Leute, die genug Taschengeld kriegen, um sich selbst jeden Monat eines zu kaufen? Das hätte uns mal einer vor 40 Jahren erzählen sollen.

Wir haben jedenfalls festgestellt, dass Gutscheine für

Klamottenläden (Gott, was waren Gutscheine früher verpönt) an Weihnachten und Geburtstagen super gut gehen. Denn wenn wir Eltern entscheiden würden, würde nur das Notwendige gekauft: neue Winterschuhe, Mützen, warme Anoraks, drei Pullover, drei Hosen, drei Hemden, Schluss. Wenn die Kids selbst entscheiden, wird der Gutschein ausgegeben für hippe kleine Hüte, Tücher, High Heels, Schmuck, Muskelshirts, *Converse* in fünf verschiedenen Farben.

## Freikörperkultur

Wichtig ist also, was die Jugendlichen anziehen. Uns wäre auch wichtig zu wissen, wie sie aussehen, wenn sie sich mal ausziehen. Sind die Fußnägel geschnitten? Gibt es Haltungsschäden, einen Hallux, Hinweise auf Hautkrebs? Wir werden es nie erfahren. Unsere Kinder ohne Kleider sehen – das passiert schon lange nicht mehr. Auch so eine Generationengeschichte: Unsere Eltern sind demonstrativ nackt durch die Wohnung gelaufen, weil 68er sich körperbewusst und locker gaben. »Ist doch ganz natürlich.« Wir tun das auch, ohne demonstrative Absichten, aber aus Gewohnheit. Und die Pubertäter? Sie verstecken sich, wo es geht, alles andere ist peinlich. Es ist mindestens sieben oder acht Jahre her, dass wir unseren inzwischen 17-jährigen Sohn Lukas vollständig nackt gesehen haben. Wie auch: sein abendliches Entkleiden findet erst zu später Stunde statt, zu spät für uns, und selbst den Anblick seiner Figur in Boxershorts gönnt er uns nicht mehr. Gebadet wird ebenfalls nur hinter versperrter Bade-zimmertür. »Schnell duschen und im Handtuch übern Flur huschen«, lautet die Devise. Von wegen, die Jugend habe kein Schamgefühl mehr!

Auch Jerry vermeidet es inzwischen schon gekonnt und mit großer Raffinesse, dass die Eltern seine körperliche Entwicklung Tag für Tag mitverfolgen können. Und es trifft nicht nur die Eltern: Auch im Fußballverein oder nach dem Volleyballspielen wird nicht mehr locker-fröh-lich unter der Dusche blankgezogen, nein, man duscht lieber zu Hause, wo die Türen Schlösser haben.

Erstaunlich, denn die öffentliche Wahrnehmung ist eine ganz andere, die besagt ja gerade, dass es gar keine Schamhaftigkeit mehr gibt. Umgekehrt wird offenbar ein Schuh draus. Gerade weil alles so über-sexualisiert erscheint und an jeder Ecke die aktuellsten Busenblitzer und verrücktesten Hobby-Exhibitionisten zu lauern schei-nen, wird das Erwachsenwerden des eigenen Körpers zu einem überaus spannenden, aber diskreten und bisweilen quälenden Vorgang für unsere Kinder. Zum Beispiel für Lukas.

»Papa?«

»Ja.«

»Wann hast du eigentlich deinen Bart gekriegt?«

»Du meinst, wann ich mir einen Bart habe stehen las-sen?«

»Nee, wann die Haare gekommen sind.«

Das ist der Moment, in dem man sein Kind in tiefe Depressionen stoßen kann. Eine echte Falle. Wenn jetzt die falsche Jahreszahl kommt, wenn man jetzt ein leicht

dahingesagtes »Och, ich war so um die 16, glaub' ich!«
vom Stapel lässt, ist alles zu spät. Der eigene Sohn, immerhin stolze 17 Jahre alt, würde sofort wortlos aus dem Auto steigen, sich ans nächste Flussufer begeben und tränenüberströmt ohne Abschiedsbrief ins Wasser gehen und dabei garantiert auf den korrekten Sitz seiner Boxershorts achten. Also ist eine andere Antwort gefragt.

»Du, das hat ganz schön gedauert. Ich hatte mit 17 so ein paar Härchen, mehr so einen Flaum, ähnlich wie bei dir!«, flunkert Papa wild drauf los – und wundert sich, warum ihm ausgerechnet jetzt das Ende der Ballade vom Erlkönig einfällt:

*(Erreicht den Hof mit Müh' und Not/*
*in seinen Armen, das Kind war ...)*

Lukas ist erstaunt. »Wirklich? Mit 17?«

»Klar. Wieso fragst du?«

»Nur so.«

»Du wartest drauf, dass endlich was passiert, oder?«

»Hmm.«

»Weißt du, es ist ja auch so: du bist blond ...«

»Dunkelblond!«

»Okay, dunkelblond. Aber bei Blonden dauert es eh immer ein bisschen länger als bei uns Schwarzhaarigen. Außerdem sieht man blonde Härchen auf heller Haut wesentlich schlechter.«

Ob das reicht? Ob er sich damit zufrieden gibt? Wo er doch jeden Morgen vor dem Badezimmerspiegel seine Gesichtshaare einzeln abzählt, ihnen vermutlich sogar schon Namen gegeben hat. An seinen Beinen sprießt es erfreulich dicht und wuschelig, auch an den Unterarmen erkennt man etwas, aber an Wangen, Kinn und Hals, da tut sich herzlich wenig. Und das, obwohl er vor Jahren schon den Stimmbruch mit Bravour in Bestzeit hinter sich gebracht hat. Auch da kann sich das Ergebnis sehen beziehungsweise hören lassen, was Anrufer am Telefon immer wieder bestätigen. Sie haben Lukas stimmlich lange Zeit mit seinem Vater verwechselt. Heute erkennen sie ihn sofort, weil er tiefer als sein Vater spricht, und der hat, nur damit das klar ist, wahrlich keine Fistelstimme!

Laut Fachliteratur setzt die Körper- und Schambehaarung angeblich bereits in Phase 1 der Pubertät ein, also zwischen zehn und zwölf Jahren, gepaart mit Wutausbrüchen, Geheimnissen, Lügen, distanziertem Verhalten gegenüber den Eltern und abrupten Stimmungswechseln. Wir können das voll und ganz bestätigen. All diese psychologischen Anforderungen hat Lukas problemlos erfüllt, wenn auch erst ein, zwei Jährchen später. Auch durch Phase 2 rutschte er geschmeidig durch, die – glaubt man der Internet-Fachberatung bei *www.elternforum.com* – zwischen 13 und 15 Jahren geprägt ist von zunehmender Gereiztheit, provokativem Verhalten, Experimenten bei Mädchen und Jungen sowie sexueller Selbsterforschung.

Da stellt sich für uns Eltern jetzt die Frage, wieso diese Phase angeblich auf »bis 15 Jahre« beschränkt sein soll. Lukas ist momentan 17 Jahre und sechs Monate alt, und ausgehend von der Vehemenz aller Effekte könnte die Phase 2 bei ihm locker bis 25 anhalten. Außerdem würden wir die Liste gerne noch erweitern. Schließlich konnte Lukas schon früh selbstständig eine Bierflasche öffnen, verzweifelte anschließend allerdings an der Herausforderung, selbige auch wieder zu entsorgen; und er besaß schon mit 14 die Gabe, kunstvoll und ausschweifend formulierte Absichtserklärungen innerhalb der nächsten Minuten zu brechen.

»Mom, ich habe einen Vorsatz fürs neue Jahr.«

»Toll, Schatz, was ist es denn? Mit dem Rauchen aufhören? Du weißt, dass auch durch das Nikotin deine Haut so schlecht ist!«

»Nein, das kommt nicht vom Rauchen! Die Pickel haben damit bestimmt nichts zu tun. Aber ich will mich in der Schule mehr anstrengen und jetzt wirklich ganz bald den Führerschein machen, den ich aus Faulheit bisher habe schleifen lassen.«

Die Mutter denkt erst: »Klasse!« Dann sagt sie: »Klasse!« Und dann denkt sie ein bisschen weiter. Das Ergebnis, das aber nicht formuliert wird, lautet: »Opportunist. Der redet mir nach dem Mund. Das möchte ich erst mal sehen.«

Das Ergebnis: Nix passiert, keine regelmäßigen Besuche der langweiligen Theoriestunden in der Fahrschule, keine extensiven Lernabende am Schreibtisch. Aber Ankündigungspolitik ohne Konsequenzen lernt ja jeder Jugendliche heutzutage leicht in der »Tagesschau« und beim »Bericht aus Berlin«.

## Jeden Monat wieder

Kurz und gut, eigentlich eine völlig normal verlaufene Jungenpubertät ... aber wo bleiben diese verdammten

Barthaare? Und wann wird sich endlich die Anschaffung seines Hightech-Nassrasierers amortisieren?

Bei Hannah ist das alles anders, Gott sei Dank. Wäre ja auch zu lästig, wenn sie mit denselben körperlichen Problemen kämpfen würde! Sie hatte es einfacher: Mädchenkörper signalisieren wesentlich früher, dass große Dinge in ihnen vorgehen, beginnt doch der Prozess der sexuellen Reifung bei Mädchen bereits ab dem neunten Lebensjahr. So steht es jedenfalls in den meisten Eltern-Zeitschriften und Ratgebern.

Bei Hannah wurde der Beginn dieses Lebensabschnitts dadurch sichtbar, dass nichts sichtbar wurde. Jedenfalls nicht für uns. Dafür war sie dann drei Jahre später, als ihr Busen doch noch gewachsen und nicht mehr zu übersehen war, auch unheimlich stolz auf ihn und bereitete sich auf Phase 2 vor, das Allerheiligste aller Frauen: das weibliche Periodensystem. Ihre Freundinnen sekundierten.

»Wie, du wirst bald 14, und da ist noch nix passiert?«

»Du, bei mir war das alles null Problem. Plötzlich ging's los – und ich glaube, ich war damals sogar wesentlich jünger als du.«

»Keine Angst, Mädchen, das kommt schon noch.«

So oder so ähnlich lauteten die oft gar nicht gut gemeinten Tipps der besten und allerbesten Freundinnen. Getuschel auf dem Pausenhof, Toilettengespräche von Kabine zu Kabine, verstohlene Blicke, banges Warten. Wo doch alle sagen, dass die Evolution des *Homo erectus* die weibliche Nachkommenschaft immer schneller die Stufe vom Mädchen zur Frau erklimmen lässt. Außerdem hatte die gleichaltrige Saskia ihre Vollzugsmeldung schon vor zwei Monaten rausgegeben, bei Tini rührte sich auch etwas, und bei Zandra (die gefälligst genau so geschrieben werden möchte, da sie ihre Klamotten ja schließlich bei *Zara* kauft) war die Post ebenfalls abgegangen – und das, obwohl sie noch nicht mal 13 war!

Umzingelt von derartigen Erfolgsmeldungen der anderen hörte Hannah in sich hinein und hoffte, dass es endlich zwicken und zwacken möge. Aber da war nichts. Ihre Gefühlswelt sackte bis ins Kellergeschoss durch. Wer möchte schon gerne die erste Frau seit Menschengedenken sein, die ihre weibliche Initialzündung viel zu spät, wenn überhaupt jemals bekommt?! Ja, die Schöpfung war ungerecht zu unserer Tochter. Aber nur wenige Monate lang. Dann war es endlich so weit. Einfach so, quasi über Nacht. Der Vater fühlte sich in dieser Situation an eine typische Geburtsszene aus einem Western erinnert: hektisches Rennen über Flure, Geflüster zwischen Tochter und Mutter und eine anhaltende große Geheimnistuerei. Fehlte nur noch ein versoffener Doc Holliday, der mit aufgekrempelten Hemdsärmeln aus Hannahs Zimmer käme und heißes Wasser fordert.

Man wusste in jenen Tagen auch gar nicht mehr, wer beruhigter über die erste Regelblutung war: das Töchterlein oder die Mama? Wobei die Reaktionen sehr unterschiedlich ausfielen. Während die Mutter schon mal vorsorglich einen Termin beim Frauenarzt zwecks Pille machte, wagte unsere Tochter einen ersten Blick »in den Kosmos weiblicher Lebensperspektiven«. So umschreibt jedenfalls die Fachjournalistin Ingrid Leifgen im *Familienhandbuch des Staatsinstituts für Frühpädagogik* mit Sitz in

München jene neuen Umstände, denen sich unsere Tochter und auch wir uns plötzlich gegenübersahen: »Schon auf der physischen Ebene bedeutet das Ungeheuerliches. Ein Körper, der bisher einfach da war, nicht weiter wahrgenommen, aber Quell aller Lebendigkeit, unterliegt plötzlich nicht steuerbaren Gesetzmäßigkeiten. Die Regel kommt und geht, verursacht Spannungsgefühle, manchmal Schmerzen, auf jeden Fall Einschränkungen.«

Für Hannah war dieser erwähnte kosmische Blick vor allem deshalb interessant, weil sie sich ab sofort im Vier-Wochen-Rhythmus vom Turnunterricht hätte befreien lassen können, was sie aber nicht so oft in Anspruch nahm wie etliche Klassenkolleginnen. Überhaupt diese anderen Mädchen, sie waren für Hannah und für uns alle ein ständiger Quell der Belustigung, Verwunderung und manchmal auch Empörung; Berichte an die erstaunten Eltern daheim aus einer anderen Welt, der Welt des *anything goes*.

»Wisst ihr, was heute passiert ist? Die Mimi hat der Doro vor der Lisa gesagt, und die Lisa hat das garantiert mitgekriegt, dass ihre Eltern ihr zum 18. Geburtstag eine Busenvergrößerung schenken wollen!«

»Wie originell – haben die sie noch alle?! Busenvergrößerung mit 18?« (Okay, man kennt das aus dem Fernsehen, aber dass das wirklich jemand macht ...)

»Darum geht's doch gar nicht.« (Hannah ist fassungslos, dass die Eltern den Beschluss an sich in Frage stellen. Wo das doch heutzutage quasi jede Zweite macht.)

»Worum denn dann?!« (Eltern verstehen die Welt nicht mehr.)

»Ja, dass die Mimi doch sowieso schon viel mehr Busen als die Lisa hat.« (Hannah kennt sich da genau aus.)

»Wie jetzt? Sollen die Eltern von der Mimi also jetzt stattdessen der Doro die OP schenken?« (Wir versuchen es mit Sarkasmus.)

»Oh Mann, ihr seid doof. Das ist doch voll gemein, dass die Mimi ihre Brustvergrößerung der Lisa so hinreibt. Wo die Arme doch immer extra so megamäßige XXL-Push-ups trägt ...« (Hannah sorgt sich um das Seelenheil der Verliererin, nicht um das Seelenheil derjenigen, die beabsichtigt, an ihrem Körper ohne Not eine absurde, überflüssige, im schlimmsten Fall gefährliche Veränderung vornehmen zu lassen.)

»In der Schule?« (Eltern wundern sich über den Push-up. Geht man mit so etwas nicht eher nachts auf Partys?)

»Na klar, was denkt ihr denn? Da laufen viele so rum! Die zeigen halt, was sie haben.« (Arme Lehrer? Glückliche Lehrer? Glückliche männliche Mitschüler? Oder vor allem täglicher Präsentationsstress und Erfolgsdruck für junge Frauen, die noch üben, sich selbst und ihren Körper gut zu finden? Die Eltern schlagen eine innerschulische Debatte über Schuluniformen vor. Denn:)

»So eine Schule muss ja nicht unbedingt der Vorhof zum Eroscenter werden.«

»Eroscenter? Jetzt werdet ihr schon wieder spießig und moralisch. Nur weil sich die Mimi und die Doro und die Lisa gern ein wenig hübsch machen ...« (Hannah versteht die Welt ihrer Eltern nicht mehr.)

Und wieder einmal trennt man sich in völliger Verständnis- und Fassungslosigkeit. Gut, die Eroscenter von damals heißen heute »Pascha«, »Paradise Now«, »Blue Heaven« oder sonst wie, aber mit den Begriffen von gestern verrät sich natürlich automatisch auch die elterliche Einstellung von vorgestern. Und die Einzigen, die uns darüber aufklären könnten, wie es heute zugeht an Schulen, auf Partys, an der Bushaltestelle oder im Club, sind … unsere Kinder. Und die haben wirklich anderes im Sinn, als Mama und Papa mit der Nase auf all das zu stoßen, was diese dann eh nur furchtbar, abstoßend und dekadent finden. Busen-Extensions zum 18. Geburtstag – furchtbar. Nuttiges Make-up im Geschichtsunterricht – entsetzlich. Markenfetischismus bis ins Detail – grausam! (Wir Eltern verwechseln ein *Bottega Veneta*-Täschchen ja gern mal mit einer »Bodega Venezia«-Kneipe!) Proll-Tattoos, Zungenpiercing und knallenge Size-Zero-Jeans samt 36er-Inhalt auf der Schulbank – geht gar nicht! Ebenso wenig wie der immer noch verbreitete Magersucht-Look, mühsam erhungert oder bulimisch teuer erkauft.

**Topmodel minus 20 Prozent =**

Apropos Magersucht und Bulimie: die sind tatsächlich weiter verbreitet, als man meint. Einerseits sind ja mittlerweile 50 Prozent der erwachsenen Deutschen übergewichtig, und jedes fünfte Kind ist es auch. Auch unter den Jugendlichen gibt es immer mehr Schwergewichter, aber der Druck auf junge Frauen, so auszusehen, dass sie bei Heidi Klum im Casting gute Chancen hätten, ist andererseits enorm.

Aber wie merkt man, wenn die eigene Tochter (immer häufiger übrigens auch Söhne) bulimisch oder magersüchtig ist? Muss man doch merken, denkt man so in seiner Überheblichkeit, und wer es nicht mitkriegt, kennt sein Kind nicht oder schaut nicht genau hin ...

Wenn das so leicht wäre. Gleich drei Freundinnen haben Töchter, die sich gern ins Bohnenstangen-Format hungern wollten, und in allen drei Fällen hat es Monate gedauert, bis das auffiel. In einer Familie merkten die Eltern erst bei einem gemeinsamen Urlaub, dass das Kind so wenig aß, weil man im Alltag daheim eben nicht jeden Tag zuschaut, was die Pubertierenden wann essen. Im zweiten Fall fiel der Mutter eines Tages auf, dass sie so oft die Toilette putzen musste, weil sich da immer öfter Spritzer fanden, die nicht vom großen Geschäft zu stammen schienen. Die dritte Familie merkte erst, was los war, als sie die Tochter bei einer Tanzaufführung im engen Dress sah. Denn, wie gesagt: Wenn man seine Kinder selten bis nie nackt sieht und auch nicht stündlich überwacht, dauert es eine Weile, bis man merkt, dass die Arme zu dünn und der Kopf in Relation zum Körper zu groß wirkt.

Bei Bulimikern ist es bekanntlich noch schwerer, die Störung zu erkennen, wie eine Mutter berichtet, denn die Mädchen sind nicht automatisch dünn. Sie essen auch viel. Und sind gleichwohl seelisch krank. Diese Mutter begann sich zu wundern, weil sie ständig einkaufen musste, ständig war der Kühlschrank leer. Daraufhin durchsuchte sie das Zimmer der 17-jährigen Tochter – und fand unter dem Bett Pizzakartons, Kekspackungen, Wurstwaren.

Die Lehre aus alledem? Ein gesundes Misstrauen kann nicht schaden. Und eine Familientherapie auch nicht, denn Eltern haben in der Regel ihren Anteil an der seelischen Not.

Hannah sitzt bei dieser Thematik oft zwischen allen Stühlen. Einerseits findet sie den Körperkult und Beautywahn, den manche ihrer Freundinnen treiben, absolut überzogen, sie selbst ist auch nicht superdünn und findet hungern albern. Aber muss man deshalb gleich den Eltern recht geben, wenn die nur kopfschüttelnd jede Langzeitdiät als Essstörung und jeden sehr tiefen Ausschnitt als Indiz für eine fragwürdige Selbstinszenierung interpretieren? Unsere These lautet: Die übertriebene Körperinszenierung Heranwachsender ist nichts anderes als ein klassisches *Rollback*. Wie bei einem Handschuh hat sich das weibliche Selbstbild von innen nach außen gestülpt, nur die Performance ist entscheidend, das Outfit, die Erscheinung als solche. Tussis und Lookalikes feiern große Auftritte, man verkauft sich gerne über die mehr oder minder schicke Hülle, pfeif auf den Inhalt! Und sie haben Erfolg damit, die ausstaffierten Kichererbsen und Lady-Gaga-Doubles mit den Piepsstimmchen. Man schaut ihnen überall nach, man sieht ihnen vieles nach, und man sagt ihnen gerne nach, dass sie genauso sind, wie sie aussehen.

Dabei fallen diejenigen schnell durch den Rost, die anders sind und anders sein wollen. Wer nicht Mitglied im BLV-Club ist (blond, langbeinig, vollbusig), der hat eindeutig die schlechteren Karten. Kommt hinzu, dass die Logik der neuen *role models* das alte Sprichwort »Jeder ist seines Glückes Schmied« wiederbelebt hat mit der Aufforderung: »Na, die könnte aber auch mal was machen lassen!« Ein deutlicher Wink mit dem Skalpell, bevor überhaupt klar ist, ob sich nicht doch noch alles verwächst und aus dem vielleicht pubertär-hässlichen Entlein ein glänzender Schwan wird.

## Dummdreist und erfolgreich

Es gibt ja auch so viele, die vorleben, wie man es machen sollte. Zum Beispiel Deutschlands blondeste Blondine, die naiv wirkende TV-Berühmtheit Daniela Katzenberger mit dem schönen Pfälzer Dialekt. Sie gefällt durch ihre direkte, noch ungekünstelte Art, auch wenn die erste Dislokation ihrer Augenbrauen ein bisschen arg weit nach oben gerutscht war! Lukas findet »die Katze« (so wird die Fleisch gewordene Verkörperung einer echten Nulllösung von ihren Bewunderern genannt) absolut cool und witzig.

»Was habt ihr gegen die? Die macht das doch total clever!« (Lukas gibt nicht zu, dass er das viele Blond und den großen Busen durchaus sehenswert findet.)

»Stimmt. Bloß: Wer bitte braucht so jemanden?« (Eltern finden das viele Blond und den großen Busen so albern wie hässlich.)

»Niemand. Aber ist doch egal! Sie verdient super mit der Nummer!« (Lukas tut so, als betrachte er das Phänomen rein ökonomisch-pragmatisch.)

»Sie schon – aber du doch nicht!« (Eltern durchschauen das.)

»Hä?«

»Ja, die Frage ist: Wieso siehst du dir das so gerne an? Was hast du denn davon?«

»Nix. Aber wie sie sich darstellt, das ist lustig.« (Lukas singt Auszüge aus einer Katzenberger-Werbung. Der Widerhaken im Hirn – blond, große Titten, hingucken, merken, gut finden – sitzt.)

Typisch Eltern. Während wir wieder einmal bedauern, dass unsere Kinder nicht schon frühzeitig auf eine Profikarriere als was-auch-immer aus sind, mit der sie ihren Eltern deren Restlaufzeit finanzieren und versüßen könnten, denken sie nicht im Traum daran und gönnen anderen neidlos deren Erfolge. Dabei hat Lukas vor einigen Jahren Frau Katzenberger sogar die Vorlage für ihren Durchbruch geliefert: er hat sich seine brünette Haarpracht blond färben lassen! Dass es dann nur ein schmutziges Grau-Gelb-Braun wurde, verdankte er der guten Bekannten eines damals noch guten Freundes, die unserem Sohn als begabte Hobby-Coiffeurin angedient wurde. Gepaart mit einer hochtoupierten Irokesen-Mähne auf der Kopfmitte, sah Lukas schließlich aus wie ein Zebra nach einem Waschgang mit Entfärbungsmittel bei 90 Grad. Der Fotobeweis von damals hängt heute noch an unserer Wand, für uns als eine Art Erinnerung an gottlob glücklich beendete Jugendsünden, für Lukas eindeutig als Trophäe. Oder als Ausweis für die Mitgliedschaft im Club der aufmüpfigen Pubertäter.

Es war die Zeit seines sexuellen Erwachens. Auf dem Kopf wurde die grau-gelbe Haarpracht als weithin leuchtende Monstranz mit sich getragen (»Seht her, ich bin's!«), der Rest des Körpers wurde eher als Demonstranz genutzt. Was trägt ein Pubertierender von Welt im Winter bei Tiefschnee und Temperaturen unter minus 10 Grad? Genau, möglichst wenig, höchstens ein dünnes Jäckchen, durchweichte Chucks und garantiert keinen Schal, keine Handschuhe und keine Mütze. Und im Sommer?

»Ma, wo sind meine *Doc Martens?*«

»Was willst du denn mit denen?«

»Anziehen!«

»Mensch, du fährst zum Baden! Die sind doch viel zu dick. Nimm deine Chucks!«

»Die sind zu dünn. Außerdem geht die Sohle ab!«

»Ja, weil du sie im Schnee anhattest, du Hirni!«

»Dann zieh ich jetzt die Moonboots an!«

Wir, Lukas' Eltern, sind uns hundertprozentig sicher, dass das pubertierende Hirn eine Mülldeponie für nicht benutzte Gehirnzellen ist. Sie werden dort vermutlich kreuz und quer aufeinandergestapelt, streng voneinander abgeschirmt, ohne jede Verbindung zur Außenwelt. Anders ist nicht erklärbar, wie Lukas tickt und denkt … wenn er denn denkt. Da trifft es sich gut, dass ihm der Psychologe Peter Uhlhaas vom Frankfurter Max-Planck-Institut für Hirnforschung zur Seite springt, mit einer Studie zu den neurologischen Grundlagen jugendlichen Leichtsinns. Darin heißt es, dass im Teenagerhirn ein heilloses Durcheinander herrsche, nicht das Kind spiele verrückt, sondern seine kleinen grauen Zellen. Die Umbauphase vom Kind zum Erwachsenen mache das Gehirn zur Großbaustelle, an der alles neu verkabelt, umgepolt und renoviert werden müsse, außerdem würden auch Milliarden von Gehirnzellen absterben. Dies alles führe dazu, dass in dieser Übergangszeit das blanke Chaos in der Gedanken- und Gefühlswelt unserer lieben Nachkommenschaft herrsche. Na, wenn das nicht super Ausreden sind!

Lukas hat bereits einige Beweise für die Richtigkeit dieser Erkenntnisse geliefert. So muss etwa die Fahrt auf Rollerblades quer durch die Wohnung von seinem Freund Josef unter Ausschaltung sämtlicher Restzellen stattgefunden haben. Unser damals 13-jähriger Sohn raste im Hausflur mit vollem Tempo auf eine gut sichtbare Glastür zu, die exakt das tat, was ihr die Physik als unausweichliches Schicksal vorgegeben hatte: sie zerbarst in tausend Stücke! Was bedeutet, dass sich Lukas mit angekratzter Schlagader oberhalb der rechten Hand heftig blutend am Boden wiederfand. Er hat überlebt, ebenso wie seine Sprünge ins seichte Wasser oder seine Fahrten ohne Helm auf dem Fahrrad und dem Motorrad-Beifahrersitz.

»Wieso denn Helm? Ich fahr doch sicher!«

»Du vielleicht – aber die anderen?«

»Was soll schon passieren? Ihr seid doch nur Memmen.«

So simpel ist das: Eltern sind immer die Memmen und Kinder die Helden. Diese Rollenverteilung macht das tägliche Zusammenleben einer Familie wirklich überschaubar. Nur ab und zu kommt dann einer der Helden zu einem der älteren Familienmitglieder mit so rührenden wie komischen Fragen – etwa jener, ob ein Kondom zu klein sein kann. »Der Sascha sagt, er kriegt's bei sich nicht drüber. Er sagt, er habe eine Marke für kleine Penisse gekauft, aber seiner sei einfach größer als der Penis des durchschnittlichen deutschen Mannes.« Ein Freund mit Riesenpenis? Regt sich da etwa Neid? Wir Eltern können beruhigen. Da hat einer mächtig angegeben, in der Regel passt ein deutsches Kondom nach DIN-Norm über jeden landesüblichen Schniedel. Wir erklären, relativieren und lachen ein wenig. Über ihn. Über den Freund. Und über kleine Helden, die auf dicke Hose machen.

# HORMON-SAMBA

## Sex – wenn große Babys das Flattern kriegen

Jetzt wird es schwierig, denn es geht um Sex. Sex an sich ist ja nicht schwierig – kompliziert ist nur, dass man sich als erwachsener, rationaler Mensch täglich davon frei machen muss, sich mit anderen und deren Geschlechtsleben zu vergleichen. Im Fernsehen sieht immer alles so schön und romantisch aus, im Kino liegen die Frauen nie in einer Stellung, in der man ihre Bauchfalten sieht (in der Regel sind sie sehr jung, sehr schlank, haben samtene Haut und tragen unglaubliche Dessous, die es in unserer Stadt beim Kaufhof gewiss nicht gibt), und in der entsprechenden Literatur geht eine Liebesnacht nie ohne stundenlange Turnübungen und viel Ekstase ab. Viele Ehepaare schaffen das nicht und antworten auf die Frage »Haben Sie noch Sex oder golfen Sie schon?« wahrheitsgemäß mit einem unsportlichen: weder – noch. Andere trennen sich auf der Suche nach neuer, frischer Erotik und stellen eines Tages fest, dass auch Frisches irgendwann Gewohntes ist. Manche haben indes das Glück, dass sie ihr Liebesleben mit fröhlicher Gelassenheit und großer Zuneigung auch nach 30, 40 Jahren noch erfüllend finden. So ist die Lage.

Und da kommen nun die Jugendlichen und haben verdammt noch mal ganz andere Sorgen. Schwierig ist es mit ihrem Sexualleben auch: Darf ich schon? Will ich schon? Werde ich gewollt? Macht das überhaupt Spaß? Wie geht das? Hoffentlich mache ich nichts falsch? Wie schafft man es, nicht schwanger zu werden? Was sage ich hinterher, wenn ich den Typ nie wiedersehen will – oder aber von heute an jeden Tag für den Rest meines Lebens? Viele Fragen, viel Aufregung, einiger Leistungsdruck, und als Erwachsener erinnert man sich in einer Mischung aus Neid, Sentimentalität und Selbstironie an das eigene erste Mal: Das Allerschönste war die Vorfreude, aber der Rest war dann auch ziemlich okay.

Am schwierigsten, um auf den Punkt zu kommen, ist also der Sex der eigenen Kinder. Oder besser: die Vorbereitung darauf. Denn, siehe oben, Sex an sich ist ja nicht schwierig. Aber man macht sich als Mutter und Vater ganz schön viele Gedanken, bis es so weit ist. Schließlich sind die Kids irritierend schnell geschlechtsreif, quasi gefühlte drei Jahre nach der Geburt, und man kann sich alles vorstellen, nur nicht, dass das eigene Baby Sachen macht, bei denen Babys entstehen können.

Kinder wissen früh, dass sie selbst beim Sex entstanden sind. Vielleicht ist es vor allem die Zumutung, sich ihre Eltern bei dieser Tätigkeit vorstellen zu müssen, die sie – ganz entgegen den Behauptungen der Boulevardpresse und einiger Wissenschaftler – bisweilen daran hindert, selbst sehr früh sexuell tätig zu werden. Bei uns war das so: Unser Jüngster wusste scheinbar genau, was da vor sich ging, wenn die Eltern sich zurückzogen – selbst wenn der peinliche Vorgang, den er da unterstellte, ein ganz gewöhnlicher Mittagsschlaf oder auch nur eine schweigsame, schlecht gelaunte Zweisamkeit mit zwei Büchern und zwei Lesebrillen in einem Bett war. Seine Vorstellung von Sex ging so: »Mama und Papa kuscheln«, sagte er, »dann rufen sie oh und ah, und am Ende kommt dabei immer ein Kind raus.« Es sind bekanntlich nur drei geworden, so viel zur durchschnittlichen, statistisch behaupteten Beischlaf-Frequenz in bundesdeutschen Ehebetten.

Jedenfalls sind unsere Kinder bis heute angeekelt, wenn sich ihre Eltern berühren oder anfassen. Händchen halten geht gar nicht, das ist uncool, und der Austausch von Speichelflüssigkeit noch weniger. Alte Menschen machen so etwas nicht, und Eltern sind alt. Außerdem sind Eltern ja Eltern, die haben so etwas schon deshalb nicht zu tun, weil sie in derselben Zeit weit Besseres zu tun hätten. Etwa das Taschengeld erhöhen, oder die neue weiße Bluse bügeln.

Aber am Küchentisch wird nicht nur darüber geschwiegen, wie diese Eltern ihre drei Kinder gemacht haben – auch über das sexuelle Erwachen der Kinder redet man selten. Früher tat man das nicht, weil die Eltern sich schämten. Heute tut man es nicht, weil die Kinder sich für ihre spießigen Eltern schämen. Der neue Guru unter den Familientherapeuten, der Däne Jesper Juul, schreibt in seinem Buch »Pubertät«: »In meiner Jugend herrschte allgemeines Schweigen. Fast kein Erwachsener sprach mit seinen Kindern über Sexualität. Wir wurden höchstens vor der Schwangerschaft gewarnt, doch niemand machte sich die Mühe, uns zu erklären, wie man schwanger wird beziehungsweise wie man es verhindert.«

# Körperwelten

Heute redet man in einer Familie über alles Mögliche, über mehr jedenfalls, als sich unsere eigenen Eltern früher hätten träumen lassen: über die Geldsorgen der Nachbarn und das Verhältnis von Mamas bester Freundin mit einem Professor aus Dingsda, über Drogen und Alkohol und die Idioten im Berliner Politikzirkus, über Splattermovies und Grunge-TV. Auch über Körperliches redet man. Über die Brustwarze, die Janet Jackson bei ihrem Auftritt mit Justin Timberlake gezeigt hat, und über das fast schon pornografische neue Video von Shakira. Über die dicken Hintern der Mädels in der 10b und über die großen Brüste der neuen Freundin des Cousins. Aber selten über den Sex, den die Kinder haben. Oder haben wollen. Nicht mal über ihre Körper. Man ist ja froh, wenn sie nicht magersüchtig sind oder bulimisch, wenn sie sich nicht ritzen oder exzessiv piercen, wenn sie nicht mit 15 über eine Brustvergrößerung nachdenken oder mit 17 über ein Schamlippenbleaching – oder was sie sonst so im Vorübergehen in der Glotze aufschnappen.

Solange alles im relativen Normbereich ist, wird man von Fachleuten angehalten, nicht zu viel über Körperliches zu reden. Das könnte Minderwertigkeitsprobleme schüren oder Identitätskrisen verursachen. Und wenn es nicht im Normbereich ist (dazu mehr im Kapitel »Bin ich schön? Körperkultur und der Trend zum Körperkult«), dann hat man als Eltern andere Sorgen als die Frage, ob der Sohn, wenn er nachts bei Bibi oder Lisa oder Moni oder Susi schläft – offiziell auf dem Sofa und angeblich in

Begleitung zahlloser anderer Jungmänner, die auch alle bei Bibi oder Lisa oder Moni oder Susi auf dem Sofa schlafen –, ob er also in diesem allgemeinen Gewirr auch immer schön darauf achtet, dass seine Eltern nicht allzu schnell Großeltern werden.

Zumindest versucht man, elegant und diskret aufzuklären, bevor es zum Äußersten kommt. Zwar wird in der Schule aufgeklärt, wahrscheinlich auch schon im Kindergarten, und moderne Eltern lesen mit ihrem Nachwuchs natürlich daheim *Wo kommen die kleinen Kinder her?*, aber das reicht bekanntlich nicht. Nicht umsonst kriegt Dr. Sommer in der *Bravo* immer noch Fragen gestellt wie: »Kann man vom Küssen schwanger werden?« Oder: »Kann das Sperma von ihm zu mir wandern, wenn wir angezogen auf dem Bett liegen?« Also: Aufklärung muss sein, auch wenn die eigene, zu diesem Zeitpunkt noch frühpubertierende Tochter dereinst bei dem Versuch, ihr die wirklich wichtigen Dinge des Lebens zu erklären, sagte: »Ich weiß.« Sie wusste natürlich nicht genug. Sie sagte das nur, weil sie sich genierte, weil sie zu jung war, um sich die Details einer Sache anzuhören, die ihr peinlich war und die sie dann doch wieder spannend fand. Und weil man sich im Alter von 13 bis 18 Jahren mit den Eltern sowieso nur darüber unterhält, wann sie abends nach Feten oder Grillpartys vor fremder Leute Häuser in ihren Autos zu warten haben.

Auch hier stellt sich wieder die Erinnerung an die eigene Jugend ein: Die Großeltern mütterlicherseits dachten vor 35 Jahren auch immer, die coole Tochter habe alles im Griff, und verzichteten auf jegliche Aufklärung. Die coole Tochter wusste aber praktisch gar nichts, gab das allerdings nicht zu, die *Bravo* half auch nicht wirklich weiter, und eines Tages kam es dann so: Die 16-Jährige ging heimlich zum Frauenarzt und sagte treuherzig: »Ich glaube, ich bin schwanger.« Der Arzt untersuchte, konnte sich ein Lächeln nicht verkneifen und sagte: »Meine Liebe, das ist ziemlich unmöglich, denn du hattest offenbar noch nie Geschlechtsverkehr.« Woran man wieder sieht, dass die Frage, ob Sperma über die Bettdecke wandern kann, auch wenn beide Partner bekleidet sind, gar nicht so neu ist.

## Bienchen, Blümchen und Bauchnabelpiercing

Zurück zur Aufklärung: Die Tochter von heute wollte auch nichts hören und sagte, sie wisse schon alles – nur die Eltern wussten nicht: Hat sie schon? Will sie schon? Wird sie gewollt? Erstes Indiz hierfür sind in der Regel ausgedehnte Körperhygiene, lange Waschungen und Wachsungen im Bad und eine zunehmende Verschlossenheit. Bei den Wachsungen werden quasi alle Körperhaare bis auf jene am Kopf entfernt – oben, unten, und in der Mitte auch. Dieser Akt muss als Vorbereitung für die körperliche Gesamtschau vor fremden Menschen, im Falle der Töchter vor fremden Männern, gewertet werden. Aber auch dieser Teil der modischen Hygiene wird hinter einer sorgsam verschlossenen Badezimmertür im Geheimen vollzogen. Damit die Eltern nicht mitbekommen, dass die Tochter bereit ist.

Glaube bloß keiner, man werde dann darüber informiert, wenn es so weit ist. Nach dem Motto: »Mama, heute Abend bin ich mit Tobi verabredet, wir haben sturmfreie Bude. Hast du noch ein paar gute Tipps für mich?« Ebenso wenig gibt es Fragen wie: »Sag mal, Mama, was ist eigentlich eine Missionarsstellung? Muss man die üben?« Über Sex reden Mädchen mit Freundinnen, eventuell, und Mütter auch nur mit ihren Freundinnen, wie man aus »Sex and the City« weiß.

Jungs wiederum reden eh weniger, sie machen höchstens blöde Witze, um locker und abgeklärt zu wirken. Sex ist schwierig, aber noch schwieriger ist es offenbar, wenn sich die Eltern einmischen und gar heimlich oder mit einem wissenden Blick ein paar Kondome lässig in die Tasche mit den Übernachtungssachen gleiten lassen. Das hat höchstens zur Folge, dass der Sohn sich noch mehr zurückzieht, weil er partout nicht gefragt werden will, ob er weiß, was das ist. Im Zweifel hat er die Dinger eh schon im Biologie-Unterricht über Holzpenisse gezogen oder als Wasserbomben benutzt. Oder ihrer Bestimmung entsprechend angewendet, was man erst Monate oder Jahre später erfährt. Weshalb auch der Sohn bei jedem Aufklärungsversuch nur lässig sagt: »Mann, Mom, lass gut sein«, und dann für lange Zeit im Bad verschwindet.

Eines Tages werden die Eltern dann vielleicht aufgeklärt – nämlich über die Frage, ob man bitte die Antibabypille zahlen könne. Schock, Schluck, Mutter und Vater sind froh, dass sie immerhin in die Vorbereitungen einbezogen werden, denn das gilt als Ausweis für ein gutes Verhältnis zwischen Eltern und Pubertierenden. Sie schaffen es vielleicht, mittels eines Besuchs bei der Gynäkologin noch medizinische Vernunft in das Unvermeidliche zu bringen, obwohl auch das von den Kindern schon als ziemlich übergriffig betrachtet wird – und natürlich zu Recht. Nur uncoole Eltern machen zu diesem Zeitpunkt noch deutlich, was in ihrem Inneren vorgeht, und meckern, die Tochter sei doch noch viel zu jung, der neue Freund sei auch nicht der tollste, und ein bisschen Knutschen vor der Haustür würde in den nächsten fünf Jahren zur Stabilisierung des Seelenhaushalts durchaus ausreichen. Coole Eltern zucken mit den Schultern und sagen: »Viel Spaß!« Und insgeheim sind sie ein wenig neidisch.

## Der Cowboy im Mann

Väter haben zu diesem Zeitpunkt schon heimlich Waffen besorgt und das Strafgesetzbuch studiert, um ihr kleines Mädchen vor bösen Buben zu schützen. Aber in der Regel bleibt der Schießprügel im Schrank – er dient ja eh nur als Symbol totaler Sprachlosigkeit angesichts der komplexen pädagogischen Herausforderungen. Und der feige, aber liebende Vater fragt höchstens devot: »Kriegen wir denn deine Flamme mal zu sehen?«

Worauf die Tochter antwortet: »Vielleicht, wenn er Lust hat. Aber meistens treffe ich ihn in der ›Atomic Bar‹ um zwei Uhr nachts. Kannst ja mal vorbeikommen.«

Vater: »Wie, will der sich nicht mal vorstellen, damit wir sehen, mit wem du ausgehst?«

Tochter: »Ich gehe nicht mit dem aus, ich gehe mit ihm. Und wenn du ihn kennenlernen willst, kannst du ihm ja auf *Facebook* die Freundschaft anbieten.«

Vater: »Wie sieht er denn aus? Was machen die Eltern? Auf welche Schule geht er? Wo wohnt er denn?«

Tochter: »Er sieht geil aus, wohnt in dem schicken Villenviertel, geht auf eine echt coole Schule und hat krass nette Eltern. Die stellen nicht so viele Fragen wie ihr. Noch was?«

Vater gibt sich geschlagen. Wochen später deutet seine Tochter vor der Schule auf einen jungen Mann. »Das war übrigens der Typ, der sich bei dir vorstellen sollte.«

Vater: »Wieso *war*?«

Tochter: »Wir waren nur ein paar Tage zusammen.«

Vater: »Ein paar Tage? Und wie oft wechselst du deine Lover?«

Tochter leicht grinsend: »Alle paar Stunden, Papa.«

Ein Satz zum Nachdenken – was der Vater auch umgehend tut. Vor allem darüber, warum er seiner Tochter diese letzte Antwort für eine halbe Sekunde doch tatsächlich abgenommen hat.

Väter und das Thema »Der Sex und ihre Kinder« – das erinnert an ein Preisausschreiben für die besten Kurzgeschichten, bei denen die kürzeste aller Kurzgeschichten gewinnt. Es führt einfach kein Weg daran vorbei: Väter haben zu diesem Thema und gerade in diesem Lebensabschnitt ihrer Kinder nicht viel zu sagen. Weil sie Männer sind und immer schon waren. Und damit nie gelernt haben, heikle Themen zum Thema zu machen. Klar, Sex ist super, Sex ist wichtig, Sex ist lebensnotwendig. Aber wieso über Sex quatschen? Und vor allem: Was gibt es denn da schon groß zu besprechen?

Männer werden nie verstehen, warum Frauen dazu so viel einfällt. Der männliche Teil des Autorenteams hat sich nicht zuletzt deshalb bei diesem Kapitel einer deutlichen Zurückhaltung befleißigt. Die Gespräche mit seinen Kindern kann man an den Fingern der rechten Hand eines Sägewerkbesitzers abzählen – ihre Anzahl war und bleibt überschaubar. Gut, hinter den Kulissen – also im Elternschlafzimmer vor dem Einschlafen – ging es öfter mal um die anstehenden Herz-Schmerz-Probleme der Kinder, um die Kondom-Frage, den aktuellen Beziehungsstress oder die jüngsten Gerüchte aus dem Beziehungsdschungel unserer Kinder. Aber aktiv das Gespräch mit dem Sohn suchen, um ihn auszuquetschen, was denn nun an der Geschichte mit dieser ominösen Sabi dran sei? Da wäre sich der Sohn – ebenso wie der Vater – ab der ersten Sekunde absolut lächerlich vorgekommen, warum auch immer. Man mag es fassen oder auch nicht, aber: Männer sind so.

Deshalb können sich auch die wenigsten Exemplare des angeblich starken Geschlechts vorstellen, was Frauen eigentlich genau alles bereden, wenn das *three letter word* ins Spiel kommt. Zwar beschleicht Männer das ungute Gefühl, dass es dabei vor allem um sie, ihre Merkmale und ihre Merkwürdigkeiten in Bezug auf Sex gehen könnte, aber deshalb werden sie rein rhetorisch garantiert nicht gleichziehen. Auch nicht untereinander. Die Vorstellung von über Sex schwadronierenden, sich auf die Oberschenkel klopfenden Horden von Männern an Hotelbars und in Büros oder Saunen – sie stimmt nicht. Zumal es ja heißt, dass der wahre Gentleman genießt und schweigt. So ist es – wobei nicht wenige Männer die Kunst des Schweigens auch dann beherrschen, wenn sie zuvor gar nicht genossen haben.

So viel zur vertrauensvollen und offenen Kommunikation zwischen den Generationen. Als Gruftie kommt man da sowieso nicht mehr mit. Oma und Opa erzählen, wenn sie zu Besuch sind, noch rührend, wie man sich früher in der Eisdiele traf, und wie die Zimmerwirtin den Freund um zehn Uhr abends hinauswarf. Papa und Mama erzählen wiederum aus ihrer wilden und gefährlichen Jugend, in der die Eltern – also Oma und Opa – es gar nicht mochten, wenn der Freund mit 17 über Nacht blieb; was sollten denn die Nachbarn sagen?

## Freiwild im Revier

Und die Kids? Machen ihr Ding, wissend, dass niemand ihnen das, was sie da tun, verbietet oder missgönnt. Aber Sorgen macht man sich trotzdem: Was, wenn sie an den Falschen geraten, was, wenn sie zu vertrauensselig sind, was, wenn sie sich in Gefahr begeben, was, wenn sie zu früh in ein Rennen gehen, dessen Regeln sie nicht verstehen? Offenbar muss man sich ja nur als junges Mädchen zum Chatten auf Jugend-Webseiten irgendwo im Netz einloggen, und schon ist man mit jeder Menge scheinbar junger, interessierter, netter Kerle im Gespräch, die freundlich fragen, wie alt das Mädchen sei, ob es sich manchmal selbst anfasse, ob es nicht mal ein paar schöne Fotos schicken könne, ob Mama und Papa zu Hause seien und ob man sich nicht mal treffen wolle.

Es ist keine echte Neuigkeit, dass im Netz ziemlich viele Pädophile unterwegs sind und dass nicht alle Teenager in der Lage sind sich abzugrenzen, Signale zu lesen, klug zu agieren. Man mag die von Stefanie zu Guttenberg moderierte Sendung »Tatort Internet« auf RTL2, in der mutmaßliche Pädophile entlarvt wurden, ganz ekelhaft und quotengeil finden; aber wirklich ekelhaft sind die Kerle, die Minderjährige erst manipulieren und dann missbrauchen. Über all das kann man nur reden, man kann erklären und warnen. Und den PC-Konsum der Kinder im Blick behalten.

Aber warnende Eltern haben bekanntlich keine besonders guten Karten bei ihren Kindern. Also hofft man, dass die Begegnung mit dem echten Leben auch in dieser Beziehung gut geht. Man weiß ja ohnehin, dass der Nachwuchs darauf aus ist, alle Erfahrungen, auch die schlechten, gefälligst selbst machen zu dürfen. Ratgeber zur Kindererziehung weisen gleichwohl darauf hin, am besten auf das Kind, das kein Kind mehr ist, zu vertrauen, weil die Jugendlichen selbst am besten wüssten, was sie tun, mit wem, und wann der richtige Zeitpunkt für das erste Mal sei. Und überhaupt sei das alles doch ganz natürlich. Das ist, aus Sicht elterlicher Praktiker, eine kühne Behauptung.

Wir jedenfalls haben uns, wie es anständige Eltern tun, ziemlich viele Sorgen gemacht. Vorher. Man liest und hört ja so viel Schreckliches. Über die Pornografisierung des

Lebens, über Sexfilme auf dem Handy, über *happy slapping*, also die Dokumentation sexuell-aggressiver Betätigungen mit einem Mädchen, die den Kumpels anschließend stolz auf dem Smartphone vorgeführt oder gleich ins Internet gestellt wird. So was kommt vor, klar, und es kam sogar an einer Schule in unserer Nähe vor, in der drei junge Männer ein betrunkenes Mädchen abschleppten, es vergewaltigten, dabei filmten, und den Film dann auf dem Schulhof herumzeigten. Die drei Schüler wurden relegiert, das Mädchen ist schwer traumatisiert – und alle Schüler der Schule sowie ihr Umfeld waren angewidert, entsetzt, empört, wütend, traurig. Cool findet so etwas wohl kaum jemand.

Sehr gelassen sehen die Kids dagegen die scheinbar harmlosen, allerdings auch riskanten und in ihren Folgen unwägbaren Selbstdarstellungen vieler Teenager, vor allem vieler Mädchen im Netz. Nicht wenige Freundinnen unserer Tochter haben Fotos von sich auf *Facebook* und Co., die von einem Softporno nur mit Mühe zu unterscheiden sind. Lasziver Blick, blutroter Mund, tiefer Ausschnitt, wallendes Haar, willst du mich? Was natürlich gepfefferte Dialoge bei uns daheim zur Folge hat.

Mutter: »Hannah, findest du so etwas etwa gut?«

Hannah: »Ich mache das ja nicht. Aber lass die Mädels doch, wenn die das schick finden! Ist doch nicht schlimm.«

Mutter, empört: »Das ist doch nuttig. Haben wir älteren Frauen denn für die Emanzipation gekämpft, nur damit ihr euch dann wieder so billig an die Männer ranschmeißt, euch anmalt und ausstellt und unter Wert verkauft?«

Hannah: »Du übertreibst total, meine Generation kann doch wohl gut aussehen und das auch zeigen, ohne dass ihr Mütter gleich mit der Moralkeule kommen müsst! Das ist doch nur Spaß!«

Mutter, jetzt wirklich sauer: »Spaß? Wenn ich dich so sehen würde, müsste ich annehmen, du gehst für 50 Euro mit ins Hotel.«

Hannah: »Siehst du? Lauter Vorurteile. Nur weil deine Generation ständig rumgebumst hat, sexuelle Freiheit, 68er und so, denkt ihr jetzt, wir machen das auch ständig.«

Hallo? Verkehrte Welt? Hat da gerade eine junge Frau der älteren vorgeworfen, sie sei in ihrer Jugend sexuell zu aktiv gewesen? Nicht etwa mit augenzwinkernder Verschwörer-Miene, nach dem Motto: Wie schön, dass ihr Alten Spaß hattet, aber jetzt sind wir dran. Sondern viel eher mit der Botschaft »Üb immer Treu und Redlichkeit«.

Tatsächlich gilt es da offenbar, mal mit ein paar Klischees aufzuräumen. Die elterliche und gesellschaftlich verbreitete Horrorvorstellung ist die einer Jugend, die immer früher geschlechtsreif wird. Eine Zeit lang glaubten Sexualforscher nachweisen zu können, dass sich die erste Menstruation bei Mädchen zeitlich immer weiter nach vorn verschiebt, das lässt sich aber wissenschaftlich nur sehr bedingt verifizieren. Gezeichnet wird zudem das Bild einer Jugend, die immer früher Sex hat. Tatsächlich ist das Alter, in dem es zum ersten Geschlechtsverkehr kommt, seit den Siebzigerjahren relativ stabil geblieben, wie eine Studie ergab, die im Auftrag der *Bravo* durchgeführt wurde; die meisten Jugendlichen erleben ihr erstes

Mal mit 16 oder 17. Andersherum: Mehr als die Hälfte der 16-Jährigen hat noch keine sexuellen Erfahrungen. Nur der Anteil der 15-Jährigen, die schon einmal Geschlechtsverkehr hatten, ist von 19 auf 23 Prozent leicht angestiegen. Und dann gibt es da das Klischee, dass der Sex bei Kids immer härter und gefühlloser wird – und dieses Klischee dominiert auch die mediale Darstellung. Das wird zum einen befördert durch Nachmittags-TV-Trash in sogenannten Talkshows, in denen dann eine Mandy öffentlich klagt: »Er hat mich nur zusammen mit meiner Schwester gewollt«, eine Sandy schwört: »Sex ist meine Droge«, und eine Candy weint: »Mein Freund wollte es von mir immer in Tüll, aber jetzt steht er auf Fesseln und Peitschen.« Ein seltsames Schaulaufen ist das, von Menschen, die ihren Exhibitionismus ausleben und von Co-Exhibitionisten dabei beobachtet werden, und klar – Jugendliche schauen so etwas an, als gingen sie in den Zirkus. Irre, was es alles gibt. Aber wollen sie Sex in Tüll oder Latex? Wollen sie so sein wie die im Fernsehen? Nie und nimmer, denn die sind das, was für Pubertäter am schlimmsten ist: peinlich.

Weiter wird der Eindruck der sexuell verrohten und enthemmten Jugend durch die allfällige Verfügbarkeit jeder Form von Sexfilmchen befördert, doof, wild, mit Tieren oder ohne, mit Aufblaspuppen oder im All, die durch einen Klick auf *YouPorn* in Sekundenschnelle für jedes Alter erreichbar sind. Was waren das doch für spannende Zeiten, als man sich seine (sorry!) Wichsvorlagen noch mühsam aus Papas Nachttischschubladen oder mit den Nacktabbildungen in den Gesundheitsbüchern der elterlichen Bibliothek zusammenstehlen musste. Dabei sagen Sexualforscher, dass die meisten Jugendlichen zwar schon mal einen Porno gesehen haben, aber ziemlich genau wissen, dass das nicht die Realität widerspiegelt. »Niemand würde glauben, dass auch im echten Leben alle jederzeit kopulieren wollen«, sagte eine Hamburger Wissenschaftlerin dem *Spiegel*. Es wäre wohl auch eher seltsam, wenn sich Jungs die vielen nackten Frauen im Netz nicht anschauen würden. Dass jemand, der sich regelmäßig Hardcore reinzieht, irgendwann glauben mag, alle Frauen seien Schlampen, sie hätten es gern brutal, und das Vorspiel sei eine Erfindung für Weicheier, ist keine große Überraschung. Aber umgekehrt wird eher ein Schuh draus, wie der Autor des Buchs *Generation Porno*, Johannes Gernert, feststellt: »Jugendliche, für die Sex und Liebe entkoppelt sind, schauen eher Pornos.« Das würde ihre ohnehin schon bestehende Einstellung dann weiter festigen, dass Sex mit Liebe nichts zu tun hat.

Und trotzdem hält sich die Idee von ebendieser »Generation Porno«. Intoniert wurde sie in Deutschland wesentlich durch ein Buch, das 2008 Schlagzeilen machte: kindliche Sex-Maniacs kamen darin vor, elfjährige Dauer-Pornogucker, jugendliche Cliquen beim Gangbang, all das aufgeschrieben von Bernd Siggelkow, dem Gründer der renommierten Arche, einer Hilfseinrichtung für bedürftige Kinder in Berlin. Siggelkow hatte eine Umfrage unter Kindern aus sozial schwachen Familien gemacht und sie unter dem Titel *Die sexuelle Tragödie* publiziert. Ganz Deutschland sprach damals wochenlang über Fünfjährige, die Pornos gucken, über 13-jährige Mädchen, die schon

Sex mit 30 Männern hatten, und über Gruppensex, bei dem die Eltern zuschauen. Das alles hatte Siggelkow in Berliner Wohnsiedlungen recherchiert. Aber auch er weiß und bestätigt: Deutscher Alltag ist das nicht.

## Benimmkurs

Alltag ist eher folgende Unterhaltung auf einer Chatseite zum Thema »Mädchen anmachen«:

*Toto1* schreibt:
Hallo, wie kann ich richtig Mädchen anmachen? War vor ein paar Tagen auf einer Party, da lag eins aufm Tisch total besoffen denn is da einer hingegangen und hat sie richtig abgelleckt und seit dem sind sie zusammen. Aber ich habe Angst wenn ich sowas mache das ich mich vor den anderen voll blamiere wenn sie es denn nich haben will.

*Bibianana* antwortet:
Na auf diese Art und weise würde ich es auch nicht unbedingt versuchen. Sei einfach Du selbst und versuch bloß nicht zu verkrampft zu wirken. Sei einfach nett und zeig Interesse. Meine Erfahrung ist wenn man es verzweifelt versucht wird das meistens nix. Solche Sachen ergeben sich wenn man am wenigsten damit rechnet. Wenn Du eine Frau triffst die Du nett findest und Dich mit ihr verstehst und Du Dich so gibst wie Du bist dann klappt das schon. Glaub mir.

Und *Blueberry* rät:
Im Allgemeinen solltest du einfach nett und freundlich,
nicht zu schüchtern und sehr zuvorkommend sein – das
hilft einem an so mancher Stelle weiter ☺

Lieb, oder? Die Bundeszentrale für gesundheitliche Aufklärung hat in ihrer Studie *Jugendsexualität 2010* mal wieder festgestellt, dass »eine feste Partnerschaft, Treue und
Verhütung« den Kids von heute wichtig seien. Nur 8 Prozent gaben bei der Umfrage an, weder Kondom noch Pille
zu benutzen. Und die meisten halten sich für zu schüchtern, um »schnell ranzugehen«. Der Wunsch nach Vertrauen sei groß, und viele Teenager warteten erst auf
»den Richtigen« und einen festen Freund oder eine feste
Freundin, bevor sie den ersten Sex hätten. Der gar nicht
so bissige Vampir Edward aus der »Twilight«-Saga lässt
grüßen: *No sex before marriage,* Enthaltsamkeit statt One-
Night-Stands, ist in den USA auf dem Vormarsch, und
auch in Deutschland hat der Gedanke, dass die Treue
keine Erfindung von moralinsauren Hinterwäldlern aus
dem 19. Jahrhundert ist, viele Anhänger.

   Mit der Liebe ist das übrigens so eine Sache. Im Trend
sind nämlich auch und vor allem sogenannte serielle Partnerschaften. Das klingt ein bisschen wie Serientäter – und
hat auch was davon, vor allem, wenn man sich die Jungs
anschaut. Die gucken gern und viel, was geht, nehmen
mit, was sich bietet, und genießen es, dass die Mädchen
heute viel freier sind und weniger fordern als früher. Sex
verpflichtet nicht mehr. Man macht rum, auf der Party,
beim Strandfest, bei gemeinsamen Freunden, man ver-

bringt ein paar Stunden zusammen, manchmal auch die Nacht, aber bitte: keine lange Beziehung, keinen Stress. Richtige Freundinnen kosten Zeit und Geld, sie wollen ein Bekenntnis und Zärtlichkeit, aber echte Jungs haben keine Zeit für so was, sie gehen lieber mit den Kumpels aus. Was bleibt: Trauer und Schmerz auf der Seite der Frauen, genervte Reaktionen bei den Männern. Was das für ein Frauenbild ist, haben wir mal die Freunde von Lukas gefragt, aber die zucken nur mit den Schultern: »Die Mädels«, sagen sie, »wollen das doch auch so, so locker und unverbindlich. Die sind cool.«

Ach ja? Wollen sie? Uns, vor allem die feministisch geprägte Mutter und Autorin, beschleicht ab und an der Verdacht, dass Teenies – besonders die weiblichen – mit ihren schicken *Facebook*-Fotos und ihren bauchfreien Tops, ihrem lässigen Gehabe und ihrer scheinbaren Promiskuität in erster Linie Angst vor Zurückweisung haben. Angst davor, Gefühle zu zeigen wie Enttäuschung, Eifersucht oder gar Sehnsucht; Angst, in der großen Show mit dem Titel »Alles geht« die Spielverderber zu sein.

Nur neulich, und hier stellt sich eine gewisse Schadenfreude ein, hat sich mal ein Mädchen mit Charakter kurzfristig gewehrt. Die junge Frau hatte einmal bei uns übernachtet und wohl gehofft, dass sich Lukas danach vielleicht zu ihr bekennen würde. Aber was sagt Lukas? »Die ist echt nett, und ich mag sie gern. Aber ich hab' keinen Bock auf eine Beziehung und Stress und Abende zu zweit.« Was ihn nicht daran hinderte, sie wieder einzuladen. Er kündigte lässig an, dieselbe junge Frau werde kommende Nacht wahrscheinlich wieder mit zu uns kommen, wir hätten doch nichts dagegen? Wir hatten nicht. Wir hängen schließlich immer noch der altmodischen Hoffnung an, dass eine feste Beziehung mit einem netten Mädchen vielleicht auch unseren Sohn etwas zuverlässiger, freundlicher und zuvorkommender machen würde – was sich spießige Eltern halt so ausrechnen, die noch an das Glück der Liebe glauben.

Am nächsten Morgen allerdings stolperten stattdessen drei ungewaschene, nach Bier stinkende Typen aus dem Zimmer von Lukas. Freunde unseres Sohnes, die schon nach manch durchzechter Nacht bei ihm auf dem Fußboden oder, aufgereiht wie die Lemminge, Po an Po in einem Bett geschlafen haben. Wir nennen diese Truppe gern die »schwulen Maulwürfe«, weil sie gemeinsam so eng und kuschelig und morgenblind im stinkenden Jugendzimmer lagern. Wo aber war die junge Frau geblieben? Die hatte Lukas kurzerhand stehen lassen mit der Begründung, sie komme nicht nur für eine halbe Nacht mit, für solche kurzen, quasi halben Sachen sei sie sich zu schade. Bingo!

Kleiner Nachtrag: Eine Woche später war sie dann doch wieder da. Sie gibt offenbar die Hoffnung nicht auf, so wie wir es auch nicht tun.

Haben wir uns um Lukas auch so viele Sorgen gemacht wie um das sexuelle Erwachen von Hannah? Haben wir da auch darauf geachtet, wer hier so ins Haus kommt und wer bleibt? Haben wir nicht. Man bewacht seine Töchter mehr, das muss ein archaisches Muster sein, und wir kennen andererseits Mütter, die regelrecht stolz darauf sind, dass ihre süßen Söhnchen pausenlos scharfe Weiber anschleppen – in ihren Augen ist das ein Indiz dafür, dass aus dem Kind mal ein erfolgreicher Mann wird. Wenn Töchter pausenlos scharfe Kerle anschleppen, lebt immer noch schnell der Verdacht auf, da verkaufe sich eine unter Wert. Söhne kriegten und kriegen ja bei der Frage »Hat er schon Sex oder spielt er noch *Playmobil?*« ohnehin in der Regel weniger Stress als ihre Schwestern. Warum? Aus einem einfachen Grund: Männer kriegen keine Kinder. Sie werden nicht über Nacht zu Teenage-Moms und machen damit ihre Eltern zu Teenage-Großeltern. Okay, Männer machen Kinder, und eine der wesentlichsten Erziehungsaufgaben ist es, Söhnen klarzumachen, dass sie verdammt noch mal verhüten müssen. Müssen! Damit nicht eines Tages andere Teenage-Großeltern vor der Tür stehen, Alimente für Tochter und Baby einfordern und freundlich fragen, wie man sich denn die Aufteilung der Kindererziehungszeiten vorstelle, da ja nun offenbar die ältere Generation gefragt sei, damit die mittlere Generation die Schule oder die Lehre beenden kann.

Zurück zum Alltag mit Hannah, Lukas und ihren Freunden (Jerry lernt noch durch Zuhören und Aufschnappen). Und zurück zu der Frage, warum gerade wir, die Eltern, so unverständig sein müssen und uns doch bisweilen einmischen. Zum Beispiel bei der – mittlerweile historischen – Frage, ob der Freund unserer Tochter bei uns übernachten durfte, als er 18 und sie noch 15 war. Wir haben gesagt: »Wenn ihr schmusen wollt, kann euch eh nichts und niemand daran hindern. Aber du, Kind, musst nicht schon mit 15 allnächtlich das Erwachsenenleben markieren. Übernachtet wird vorerst nicht.« Unsere Tochter fand uns ätzend, und unsere Freunde fanden das auch, denn zu sagen »Mach mal langsam!« ist offenbar veraltet und spießig. Erfahrene Mütter antworten auf die Frage, wo ihre Tochter ihren Freund anfangs traf: »Meine Isabella hat sich ihren Timo damals zum 14. Geburtstag in ihrem Jugendzimmer geschenkt.« Eine andere Mutter berichtet, ihre Amelie habe das erste Mal mit 15 regelrecht geplant. Zum Glück habe man den jungen Mann flüchtig gekannt, noch ein wenig Alkohol und Kerzen besorgt und dann am Tag der Tage verständnisvoll das Haus verlassen.

Offenbar machen das also andere Familien anders – noch lockerer als wir. Viele, vielleicht die meisten, gemeinden die Freunde ihrer Kinder regelrecht ins Familienleben ein, nehmen die jungen Männer und Frauen mit in den Urlaub, sitzen mit ihnen abends gemeinsam vor der Glotze, überlassen ihnen einen Haustürschlüssel – immer nach dem Motto: Mein Haus ist auch dein Haus. Wir finden auch in diesem Fall, man sollte nicht übertreiben und die Sache langsam angehen lassen. Wir sitzen ganz gern allein abends auf dem Sofa. Und wir bewundern unseren Freund aus W., der vier pubertierende, mittlerweile fast erwachsene Kinder hat und samstags wie sonntags morgens immer erst mal heiter die vielen fremden Schuhe im Flur zählt, bevor er Brötchen holen geht. Mag sein, dass diese Generationen-Kumpanei angesagt ist. Aber gut möglich ist auch, dass die alte, diskrete Methode die klügere ist: über Verhütung sprechen, sich nicht einmischen, aber auch nicht alles erlauben, im Notfall im Hintergrund sein und nicht so viel wissen wollen. Sollen die doch selbst erwachsen werden, ohne dass Mama und Papa Händchen halten oder das Bett herrichten.

## Gar nicht so doof

Aber jetzt wird es wieder schwierig. Was, wenn die Kinder nicht genau wissen, ob sie erwachsen sind? Wenn sie sich nicht sicher sind, ob sie nur dem Gruppendruck folgen? Kann passieren. Folgende Geschichte hörten wir von einer befreundeten Mutter:

Tochter und Freund sitzen mit Vater und Mutter zusammen. Der Freund will die Tochter über's Wochenende mit zu sich nehmen. Tochter ist 14 und verliebt. Eltern sagen: »Nein!«

Freund: »Ich verstehe nicht, warum C. nicht mitdarf. Wir sind doch alt genug und lieben uns.«

Tochter: schweigt.

Mutter: »Ist mir egal, sie ist erst 14, sie übernachtet noch nicht bei dir, ihr könnt euch tagsüber sehen oder meinetwegen auch abends, aber nachts gehst du heim, und sie schläft hier.«

Freund: »Wir sind echt alt genug, und ich bin sehr enttäuscht. C und ich sind uns einig. Sie will bei mir übernachten, ich will das auch, und meine Eltern haben nichts dagegen.«

Mutter: »Nein. Ihr könnt das doof finden, ich habe auch keine guten Argumente, außer: C. ist 14, sie bleibt nachts zu Hause.«

Eine halbe Stunde später ist der Freund weg. Em-

pört. Die Tochter nähert sich der Mutter und sagt leise:
»Danke.«

Danke? Was war da passiert? C. hatte selbst Muffen-
sausen, konnte sich aber nicht abgrenzen, wagte nicht
Nein zu sagen, wollte – und wollte doch nicht. Manchmal
sind Eltern mit ihrem Gespür für die Bedürfnisse der Kinder eben doch gar nicht so doof.

# MITTERNACHTSSHOW IM FUNPARK

Freizeit – nix wie weg und nix wie hin

Eine der entscheidenden Fragen in der Kindererziehung lautet: Wann werden die Kinder das Elternhaus verlassen? Nach der Schule, für die Ausbildung? Nach einem riesengroßen Krach? Schon mit 17 Jahren? Oder erst mit 20, 21? – Alles falsch. Der Zeitpunkt liegt viel früher. Sie tun das bereits Tag für Tag, solange sie noch im Elternhaus wohnen. Von früher Jugend an verlassen uns Kinder tagtäglich, immer wieder aufs Neue. Und nicht selten tun sie dabei so, als sei es für immer.

Gemeinhin entwickelt sich dieser Fluchttrieb etwa so: Gerade noch hingen sie einem, am Daumen saugend und mit großen Augen angstvoll in eine bedrohlich wirkende Welt schauend, am sprichwörtlichen Rockschoß, zack, schon suchen sie das Weite – und finden es auch jedes Mal. Immer nach dem Motto: Nix wie raus hier!

Zum Beispiel Lukas, unser 17-Jähriger. Er verlässt unser Zuhause nicht, nein, er flüchtet geradezu. Jede Freitagnacht. Und am Wochenende. Oder auch werktags am frühen Abend. Also eigentlich immer. Manchmal haben wir sogar das Gefühl, wenn er sich gerade die Schuhe zubindet, weiß er noch gar nicht, wo ihn sein unbändiger Drang heute wieder hintreiben wird. Hauptsache, schnell weg von hier. Draußen, da wohnt die Freiheit, und sie ruft laut nach Lukas. Allerdings rufen zuvor noch die Eltern.

»Lukas, gehst du?«

»Ja.«

»Wohin denn?«

Eigentlich müsste die Frage eher lauten: »Warum denn, wo es doch bei uns so gemütlich und kuschelig ist und wir ein schönes Brettspiel spielen könnten?« Aber erfahrene Eltern wie wir vermeiden solche Anfängerfehler. Wieso sollte man sich ohne Not anhören, dass es hier zu Hause a) blöd, b) nicht zum Aushalten und c) einfach nicht cool ist? Reisende soll man nicht aufhalten, und außerdem haben wir bei Lukas seit Langem das Gefühl, dass er sich weniger als Sohn denn vielmehr als Außendienstmitarbeiter seines Zuhauses begreift.

Was also antwortet Lukas nun auf die halb besorgte, halb stereotype Frage »Wohin gehst du?«. Wird er vielleicht sagen: »Du, wir treffen uns alle bei Biggi, ziehen dann um die Häuser und brechen anschließend bei Mike ein, der hat sturmfrei, die Eltern sind beim Skifahren. Ich penne dann auch dort, falls wir nicht sowieso durchmachen.« – Natürlich wird er genau das *nicht* antworten! Warum auch? Seit wann müssen denn die eigenen Eltern genau Bescheid wissen, wo man sich aufzuhalten gedenkt? Und wer wo mit wem wie lange feiert?

Lukas knurrt also nur ein knappes: »Wahrscheinlich zu Marc.« Das muss genügen, oder präziser formuliert: Das muss *uns* genügen.

Tut es aber nicht. Ganz im Gegenteil, jetzt schrillen erst einmal sämtliche Alarmglocken. Nicht wegen Marc, nein, wegen des kleinen, unscheinbaren Wörtchens »wahrscheinlich«. Denn im nicht gerade üppigen, aber doch oft treffend-präzisen Sprachschatz unseres Pubertäters bedeutet »wahrscheinlich« nichts anderes als »garantiert nicht«. Lukas wird den Teufel tun und in seiner sauer verdienten Freizeit ausgerechnet Marc aufsuchen, mit dem er doch erst letzte Woche Streit hatte! Nein, es ist eher so, dass ihm auf die Schnelle kein anderer Freund eingefallen ist, den er seinen ahnungslosen, aber neugierigen Eltern als Anlaufstelle verkaufen könnte. Immerhin ist wenigstens eines sicher: Unser Sohn wird heute Abend definitiv *nicht* mit Marc zusammen sein.

Diese über Jahre gewachsene Eltern-Logik erinnert stark an das Vorgehen eines »Tatort«-Kommissars in der ARD. Indizien sammeln, Unwahrscheinliches ausschließen, die Motivlage klären. Aber was bleibt einem übrig, wenn die Nestflüchter keine Spuren hinterlassen wollen? Freizeit, Ferienzeit, Urlaub, Wochenende – das sind für den Pubertierenden seit gefühlten fünf, sechs Jahren Synonyme für den Begriff »endlich ohne Eltern«. Er versteht sich quasi als Teilzeit-Waise und sein Zimmer als eine Art Durchgangsstation zwischen Schule und Partykeller, zwischen Morgenstunde und Happy Hour in der *Night Lounge*. Gut, das ist ein wenig übertrieben, denn ab und zu hält er es durchaus länger in den eigenen vier Wänden und damit auch mit uns aus, aber im Grunde seines noch nicht ganz ausgewachsenen Herzens sucht er sein Seelenheil in der Flucht. Stellt sich die Frage: Warum? Weil wir so böse sind? Weil es kein Mensch bei den eigenen Eltern länger aushalten kann?

## Übernachtungsparty ohne Übernachtung

Die Sache ist komplizierter. Kinder sollen ja bekanntlich möglichst früh flügge werden und ihre hinzugewonnene Selbstständigkeit mit immer längeren Rundflügen rund ums heimische Nest demonstrieren. »Ach komm, die Nicole ist doch wirklich nett, und ihre Eltern sind es auch, da kannst du ruhig mal übernachten!« – mit Sätzen wie diesen schnallen Eltern überall schon ihre acht-, neunjährigen Töchter auf die Kindersitze der Familienkutschen, um sie gleichaltrigen Spielkameradinnen zuzuführen, um endlich selbst mal sturmfrei zu haben. Aber dann starrt man, weil man verlernt hat, wie das geht – so ganz allein zu zweit –, den gesamten Abend über gebannt aufs Telefon und wartet halb besorgt, halb genervt, ob sich das Töchterlein nicht doch mit einem flehentlichen »Ich will heim!« meldet.

In unserem Fall gab es solche Anrufe kaum. Dafür durften wir jede Menge fremder kleiner Kinder bei Nacht und Nebel wieder nach Hause zu den eigenen Eltern und ins eigene Bett kutschieren. Weil ihnen der Teddy fehlte; weil es im fremden Kinderzimmer so lange Schatten hatte und irgendjemand den Türspalt geschlossen hatte, durch den das Flurlicht gefallen war; weil Jerry angeblich im Schlaf so komisch grunzte; weil die verdrückten Paprika-Chips Stunden später im Bauch zwickten und auch nach vier Glas Wasser keine Ruhe gaben; oder weil sich eine fremde Zudecke eben total anders anfühlte als die wärmende Hand der eigenen Mama.

Die Kinder sind also darauf trainiert, bitte schön regelmäßig das eigene Zuhause zu verlassen, damit ihre Eltern mal ihre Ruhe haben. Später dann tun sie das mit großer Begeisterung und wachsender Risikobereitschaft.

»Mom, wir fahren heute mit Marcs Auto nach Innsbruck, Party machen. Neulich im Club haben wir gegen drei Uhr zwei Mädels kennengelernt, die besuchen wir heute.«

»Wieso im Club um drei? Du bist 17, die dürfen dich nach 24 Uhr gar nicht mehr reinlassen. Wen muss ich anzeigen? Und wieso Innsbruck? Es liegt ein Meter Schnee, die Strecke ist gefährlich, es ist schon neun Uhr abends, ihr kennt die Mädchen nicht, und Marcs Auto ist nicht verkehrssicher!«

»Mom, genau deswegen. Ist doch lustig. Und tschüss.« Und man fragt sich, warum man eigentlich früher immer dachte, es wäre ein toller Tag, eine tolle Zeit, wenn die Kids endlich flügge sind, weg aus dem Haus, aus die Maus, Freiheit, ein neues Leben für alle. Jetzt, wo sie nachts für zwei Stunden mit irgendwem irgendwohin fahren, um irgendwo zu sein, wo sie noch nicht waren, möchte man sie gern beschützen. Hat Albträume von Polizisten, die sicher demnächst nachts klingeln werden (»Entschuldigung, dass wir Sie stören, aber da ist ein klappriger Mercedes mit vier Jugendlichen in einer Spitzkehre hinter dem Achensee auf dem Weg nach Innsbruck gefunden worden. Die Jungs waren nicht angeschnallt, und der Fahrer war betrunken. Wir fürchten, einer der Insassen war Ihr Sohn...«). Und weiß doch, dass sie das machen müssen – die Kinder, nicht die Polizisten.

Die Mutter und Autorin beginnt zu träumen: Wie irre

war das denn, als der Justus und der Klaus und der Raini und sie selbst im letzten Jahrhundert vor dem Abitur kurz mal beschlossen haben, nach Saarbrücken zu fahren, um mal in Saarbrücken gewesen zu sein. Warum Saarbrücken von allen Orten der Welt? Keine Ahnung, aber die vier haben auf dem Grünstreifen der Flughafenzufahrt geschlafen. (Warum? Keine Ahnung mehr. Hatte Saarbrücken damals überhaupt schon einen Flughafen?) Egal, die Erinnerung ist vernebelt, nur eines ist wahr: Lustig war's, und total bescheuert.

Und hat nicht der Vater der Autorin, also der Großvater der Kinder, immer nachts am Fenster gestanden, egal ob es drei oder fünf Uhr nachts war, und gewartet, dass die Tochter nach Hause kommt? Meist weit nach der verabredeten Zeit? Und hat er nicht jedes Mal gefragt: »Warum machst du es dir nicht einmal einen Abend daheim gemütlich und liest ein Buch?« Gemütlich? Ein Buch? Lesen? Wie seltsam ist das denn?! Die Tochter wollte raus, weg, lärmen, leben, fühlte sich eingesperrt und erstickt, die Eltern fanden ihre Tochter laut, präpotent und anstrengend. Ein Wort gab das andere, Mal um Mal, bis die Tochter ihre Eltern mit 17 informierte, sie habe jetzt eine WG in der Stadt gefunden, da werde sie hinziehen. Die Eltern nahmen es scheinbar gelassen, und die Tochter blieb dann doch, aus Bequemlichkeit, und weil sie sich letztlich eingestehen musste, dass sie ja ihre Freiheit hatte. Und die Eltern wurden in diesen Monaten und Jahren immer ein wenig müder und stiller. Was an den vielen durchwachten Nächten gelegen haben mag, in denen man auf den Schlüssel im Türschloss wartete oder auf das Klingeln der

Polizisten, die sagen würden: »Entschuldigen Sie, wir haben Ihre Tochter in Saarbrücken in der Nähe vom Flughafen auf dem Grünstreifen zwischen zwei Autobahnzubringern gefunden ...«

## Juvenile Bettflucht

Lautes Poltern an der Garderobe. Hannah packt ihre Tasche, sucht ihre Ballerinas und flucht hörbar vor sich hin, weil sie ihr Glätteisen für die Haare nicht finden kann, mit dem Jerry vermutlich wieder einmal seinen Ritterfiguren aus Plastik eins übergebraten hat – alles deutliche Anzeichen für ein baldiges Verlassen des Hauses. Letzte Gelegenheit also für einen anderen beliebten Eltern-Kind-Dialog:

»Sag mal, musst du eigentlich *jeden* Abend losziehen?«

Gut, eine derart formulierte Nachfrage kann man nicht als harmlos und objektiv einstufen. Spätestens die Betonung auf *jeden* macht deutlich, dass es hier um schmerzhafte Verlustängste und tiefe Wunden aus der Vergangenheit geht – natürlich nur auf elterlicher Seite.

»Oh Mann, Leute, ich zieh nicht *jeden* Abend los!«

»Und gestern? Da warst du nach dem Chor noch mit Lissi, Titzi, Fetzi, Mimi und Minni und was weiß ich noch welchen Typen mit einem ›i‹ am Ende weg, oder?«

»Na und? Ich bin 18 – schon vergessen?«

(Stimmt, hatten wir tatsächlich vergessen. Kein Wunder, wo sie doch ganze 17 Jahre lang bei uns lebte, ohne schon 18 zu sein!)

Letzter Versuch:

»Mensch Hannah, du musst doch nicht ständig abhauen! Wir wollten heute Abend mal wieder alle zusammen so richtig schön zum Italiener…« (alternativ wäre auch denkbar: den »Schuh des Manitu« gucken oder Urlaubspläne machen etc.). Doch Hannah bleibt stur. Dummerweise hat sie inzwischen auch ihre am Vortag ins Eck gepfefferten Ballerinas entdeckt.

»Ich bin dann weg, okay?«

Nichts ist okay. Aber unser besorgtes »Wann kommst du wieder?« erreicht sie nur noch jenseits der Haustür als verzerrt-verstümmeltes Gebrabbel. Doch Hannah weiß aus Erfahrung, wie die letzten Worte ihrer Eltern wohl gelautet haben könnten, und lässt uns ihrerseits mit einem »Weiß noch nicht, ich ruf dann an!« mutterseelenallein zurück. Wobei sich auch der Vater ganz schön verlassen fühlt.

Natürlich ist diese Gefühlslage extrem ambivalent. Einerseits sind wir stolz auf selbstbewusste, angstfreie und weitgehend selbstständige Kinder, die ihren Weg suchen und machen. Alleine, ganz ohne uns. Andererseits hat man sich doch jahrelang und oft auch nur mühsam daran gewöhnt, dass sie Hilfestellung brauchen, jemanden, der ihnen die Nase abwischt und das Abendessen hinstellt. Man hat es ihnen nett gemacht, sie mit Kleidung und Essen versorgt, ihre Bude nach und nach aufgerüstet mit Kassettenrecorder, dann Walkman, DVD-Spieler und MP3-Player, mit Fitness-Hanteln und Bruce-Lee-Poster, mit Hanni und Nanni, mit Adventskalender und E-Gitarre; und man hat ihnen Geld zugeschoben und die Handyrechnungen zum Teil bezahlt, man hat ständig die falschen Schulhefte nachgekauft (»Ich hab' doch extra drei Mal gesagt: liniert ohne Rand!«) und sie sogar selbst eingebunden, nachdem man öfter als drei Mal, aber dennoch vergeblich die Kids dazu aufgefordert hatte, man hat ihnen sogar ihre schmutzigen Socken hinterhergeräumt ... und dann wollen sie plötzlich gehen? Einfach so? Wo doch alles so wunderbar eingespielt war!

Laut Statistik ziehen junge Frauen früher von zu Hause aus als ihre männlichen Altersgenossen. Die Studie *Im Blickpunkt: Jugend und Familie in Europa* berichtet, dass von den 18 bis 24 Jahre alten Frauen in der EU noch gut zwei Drittel bei ihren Eltern leben; bei den Männern dieses Alters waren es hingegen noch vier Fünftel. In Deutschland sind junge Frauen in der Regel 21 Jahre alt, wenn sie ihren eigenen Haushalt gründen, und damit zwei Jahre jünger als die Männer. In Bulgarien, Griechenland und in der Slowakei bleiben Männer rein statistisch übrigens sogar bis ins reife Alter von 31 Jahren im »Hotel Mama«.

Nun sind unsere Kinder weder Bulgaren noch Slowaken. Und sie haben auch keine genaue Vorstellung davon, wann sie endgültig ausziehen wollen oder sollen und schließlich werden. Wir, ihre Eltern, dagegen haben sehr wohl eine klare Vision: sie können gerne in aller Ruhe einen Schulabschluss machen (auch wenn es bei Lukas lange Zeit so aussah, als ob dieses Nahziel in weite Ferne gerückt wäre), dann eventuell ein Zwischenjahr im Ausland einlegen, irgendwo jobben, und dann werden sie wohl irgendwo leben und arbeiten und ihr eigenes Geld verdienen oder zumindest hinzuverdienen – mit Betonung auf *irgendwo*.

Im Hotel Mama jedenfalls wird ein großes *Closed*-Schild an der Tür hängen, sobald die beiden Großen das Gröbste hinter sich haben. Und warum? Etwa, weil wir unsere Kinder nicht lieben? Weil wir sie möglichst schnell loswerden wollen? Weil wir alle fürchten, bis dahin heillos zerstritten zu sein? Nein, weil wir glauben, dass es für alle Beteiligten genau das Richtige ist. Schließlich ist die Abnabelung unserer Kinder ja eines der Hauptziele aller Bemühungen. Und so, wie unsere Kinder heute schon gestrickt sind, wird es sie mit dem Sprung ins Studium oder ins Berufsleben ganz automatisch wegziehen von zu Hause. Immerhin arbeiten sie momentan ja schon fleißig darauf hin.

## Bitte fünf Mal all-inclusive

Einmal pro Jahr zog es uns übrigens alle weg von zu Hause, in den Familienurlaub. Familienurlaub – das ist ein Begriff, der für viele Eltern ebenso angstbesetzt und furchterregend ist wie für potenzielle Handtuch-Nachbarn am Hotel-Swimmingpool. Familienurlaub – das bedeutet durchgehendes Kindergeschrei, akuten Windelmangel, verschütteten Orangensaft, tagelang Durchfall, vermisste Badelatschen nach Ende der Miniclub-Öffnungszeiten, durchwachte Nächte und stressige Tage. Für Eltern und Nicht-Eltern, wohlgemerkt! Die Kinder fanden unsere Urlaube immer toll, zumindest in jüngeren

Jahren. Dafür fanden die anderen Hotelgäste unsere Kinder oft nicht so toll, auch wenn sie mit ihrer Hilfe sicher den einen oder anderen Nachlass bei ihren Touristikveranstaltern herausschlagen konnten. Schließlich werden laute, ungehörige, freche und »schlecht erzogene« Blagen sicher als Reisemangel der ersten Kategorie anerkannt.

Irgendwann zogen wir die Konsequenz und ließen die Zeiten, die geprägt waren von provisorischen Zustellbetten und erbettelten Heißwasserzubereitungen für Paletten von *Hipp*-Gläschen, hinter uns. Wir mieteten, gemeinsam mit Freunden, Ferienhäuser an – mit der Folge, dass die Kids super Ferien hatten und wir Eltern rund um die Uhr damit beschäftigt waren, den Zweithaushalt auf Trab zu halten. Anstelle von Tropfsteinhöhlen oder Palmenhainen besichtigten wir Supermärkte und Einkaufszentren ... auch interessant, aber nur bedingt als Erholung zu werten. Und unsere Kinder? Sie stürzten sich auf die wahren Werte im Leben: Swimmingpool, Satelliten-TV und die von Vormietern zurückgelassenen, schon zerschundenen Comichefte und Brettspiele. Auffallend war immer, dass vor Ort zwar viel gemeckert wurde, spätestens aber beim gemeinsamen Anschauen der Urlaubsfotos plötzlich Schwärmen angesagt war. »Schön war's schon!«, lautete lange die versöhnliche Formel.

Seit einigen Jahren bereitet nun aber schon die Planung eines Familienurlaubs größere Probleme. Wohin mit 15-, 16-jährigen Teenagern? Strandurlaub auf den Kanaren mit Sonnenschutzfaktor 50, Eimerchen und Schäufelchen? Toskana mit Kirchenbesichtigungen und Weinproben? Städtereise nach Barcelona – mit Gaudi an den

Bauwerken, aber ohne abendlichen Spaß wegen der Ausgangssperre ab 22 Uhr? Mallorca-Party total, aber nur ohne Eltern?

Lukas hätte da schon eine Idee. Er schlägt vor, dass wir es uns richtig nett machen sollten auf irgendeiner Sonneninsel, und er würde mit drei Kumpels im schrottigen VW-Bus nach Kroatien fahren. Super Sache! Vor allem, wenn man weiß, dass Flori schon dreimal dort war und immer wieder gerne berichtet, wie billig dort im Supermarkt das Bier sei und wie sie nächtelang im Haus seines Vaters durchgemacht hätten und wie David total zugedröhnt ohne Badehose in der Pizzeria... kurz und gut: Lukas fährt nicht mit!

Hannah will mit Freunden nach Wien, aber die Freunde sind verplant wie immer, also wird es vielleicht nicht Wien. Vielleicht fährt sie dann mit anderen Freunden nach Prag, aber da soll es so voll sein. Oder sie fährt gar nicht weg, weil sie lieber jobbt. Mit den Eltern in Urlaub fahren? Würde man nur machen, wenn das Urlaubsziel cool wäre. Da sind zum Beispiel diese Bekannten, die mit ihren Kindern Weihnachten immer in Florida verbringen, und andere Bekannte, die ein hochseetaugliches Segelboot haben. Wir wiederum haben so was nicht im Angebot, stattdessen könnten wir einen Wanderurlaub in Südtirol anbieten, aber Wandern ist das Letzte, finden unsere Kinder. Sie wollen dahin, wo man Party machen kann, wir wollen dahin, wo man garantiert keine Party machen kann, und was geschieht? Die gegenseitige Abnabelung aufgrund der Unvereinbarkeit der Interessen.

## Freundschaftsdienste

Aber welche Kräfte sind es nun eigentlich genau, die unsere Kinder bereits heute im Alltag so magisch nach draußen in die wilde, weite Welt locken? Riesige Neugierde, große Entdeckerfreude, verlockende Sünden? Von wegen. Die Gründe sind keineswegs Fernweh, Abenteuerlust, Party unter Palmen oder Sich-endlich-beweisen-Wollen. Nein, sie heißen Miryam, Tobi, Lissi oder anders. Es sind die coolen Freunde, die super Kumpel, die krassen Buddies, die endgeilen Typis und manchmal sogar die Spacken von der anderen Straßenseite, die eine magische Anziehungskraft auf unseren Nachwuchs ausüben. Losziehen mit wechselnden Freunden, abhängen und chillen mit exakt den hundert Leuten, die man gestern auch schon getroffen hat – so sieht er aus, der perfekte Freizeitspaß der Pubertäter. Der Ausbruch aus dem überbehüteten Rahmen elterlicher Obhut entlarvt sich so schnell als Flucht in ein anderes kuscheliges, ebenfalls bereits gemachtes Nest: die Clique.

An dieser Stelle noch ein kurzer gedanklicher Ausflug weit zurück ins letzte Jahrhundert. Wie heißt es doch in einem Lied aus dem Kinofilm »Die Drei von der Tankstelle« von 1930, in dem Heinz Rühmann, Willy Fritsch und Oskar Karlweis einfach drauflosschmetterten: »Ein Freund, ein guter Freund, das ist das Beste, was es gibt auf der Welt.« Wie schön, dass unseren Kindern dieses Glück gleich zigfach in den Schoß fällt! Und nur typische Miesmacher, wie es Eltern nun mal von Natur aus sein müssen, werden einwenden, dass es manchmal nicht so weit her ist mit der großen Freundschaft. Zum Beispiel im Fall von M. Er wurde von unserem Lukas, damals gerade 15 geworden, zum allerengsten Freund auserkoren, bis er und M. eines Tages von einem Lehrer inmitten einer dichten Rauchwolke erwischt wurden. M. hatte sich auf dem Schulgelände eine angesteckt, unser Sohn stand – oh glückliche Fügung! – ausnahmsweise mal nur daneben. Beim Verhör vor dem Schuldirektor und gegenüber seinen Eltern gab M. allerdings an, dass nicht er, sondern nur Lukas geraucht habe. Folge: ein Verweis – und zwar für Lukas.

Nun fallen gereifte Eltern von echten Pubertätern beim Anblick eines schriftlichen Schulverweises nicht gleich vom Hocker. Für sie gilt, Übung macht den Meister und Gewohnheit den Könner. Wir fanden es anfangs sogar rührend, dass Lukas seinen Freund in Schutz genommen hatte. Aber zwei Wochen später passierte das Gleiche wieder. Die beiden wurden gemeinsam mit einer Packung Zigaretten erwischt, und der Freund behauptete, Lukas habe das Zeug beigebracht. Es gab einen zweiten Verweis, beim dritten wäre Lukas von der Schule geflogen.

Dass Lukas aber mit keiner Silbe und ohne pochende Zornesader auf die Aussagen seines »Freundes« M. reagierte, sondern ihn sogar noch in Schutz nahm (»Ihr müsst das verstehen, seine Eltern würden ihm einen Riesenstress machen!«), und das um den Preis eines Doppel-Verweises plus Disziplinarverfahren, das ließ uns nun wiederum nicht in Ruhe. Mit dem Ergebnis, dass preußische Wahrheitsliebe auf Seiten der Eltern und indianische Duldsamkeit und Mannesehre bei Lukas in einem eher ungleichen Duell aufeinanderprallten.

Die Sache wurde jedenfalls auf unser Betreiben hin aufgeklärt: Wir riefen M. an und setzten ihm ein Ultimatum,
bis zu dem er seinen Eltern reinen Wein einschenken
sollte, ansonsten würden wir das übernehmen. Halb ein-
geschüchtert, halb überzeugt von der guten Tat knickte er
noch am selben Tag ein und gestand alles. Lukas war baff
und noch Wochen später überrascht, dass sein »Freund«
diese Beichtaktion bei lebendigem Leib überstanden
hatte. Und wir? Wir waren ebenfalls baff – darüber, dass
nämlich dieser Vorfall den freundschaftlichen Banden
zwischen ihm und M. nichts, aber auch gar nichts anha-
ben konnte. »Ein Freund bleibt immer Freund, und wenn
die ganze Welt zusammenfällt.« – Rühmann & Co. hatten
eben doch recht.

Jerry, unser Elfjähriger, tickt da ganz anders. Seine
Freunde dürfen sich noch lange nicht alles erlauben. Wer
doof ist oder gemein, wird auf der Stelle abgeschafft. Und
wer ihm blöd kommt, wird zumindest abgemahnt oder
hart bestraft. Der wird zum Beispiel eine Woche lang nicht
angerufen. Neuaufnahmen in den Kreis der erlauchten
Kumpels passieren übrigens ebenfalls überraschend
schnell. Etwa neulich beim Abendessen.

»Wir haben ja jetzt ein neues Lager. Nicos Vater hat
sogar eine Matratze dafür spendiert!«, verrät uns Jerry
urplötzlich zwischen Paprikaschnitzeln und Fleisch-
salat.

»Nico? Wer ist denn Nico?«

»Ein Freund von mir aus der Parallelklasse.«

»Aha. Und der hat ein Lager?«

»Nö, das Lager ist bei dem Bauern, neben dem die

Eltern von Samuel wohnen. Aber der Nico wohnt da auch um die Ecke.«

»Und wer ist dieser Samuel?«

»Auch ein Freund von mir.«

»Wir wussten ja gar nicht, dass du schon mal bei Nico warst!«

»War ich ja auch nicht. Ich gehe da morgen hin.«

»Aber du hast doch gerade gesagt, dass ihr ein neues Lager habt...«

»Ja und? Stimmt doch auch.«

»Aber von dem Nico haben wir noch nie gehört. Und von dem Samuel auch nicht...«

»Na und? Ihr seid blöd! Ich kenn' die schon ganz lange!«

»Schatz, wir hören diese Namen aber jetzt zum allerersten Ma...«

»Mann, euch darf man auch nichts erzählen!«

Was lernen wir daraus? Nico ist jetzt auch ein Freund von Jerry. So wie eben Samuel, Paul oder Dennis. Jerry muss sich jedenfalls schlagartig und sofort mit ihnen allen treffen, unbedingt. Der wahre Grund dafür sind natürlich nicht die makellosen Charaktereigenschaften und gepflegten Umgangsformen dieser Jungs, sondern die neueste Playstation im heimischen Kinderzimmer, ersatzweise auch der Doppelpack Sammelkarten von »Space Warriors« oder die Gratis-Premierenkarten für den dritten Teil von »Narnia«, die Tobias' Papa besorgen kann.

Überhaupt, diese »anderen« Eltern! Sie sind grundsätzlich die besten Eltern, die man auf dieser Welt haben kann. Und sie wohnen zufälligerweise alle in unserer näheren Umgebung. Ihre Kinder dürfen alles, haben alles und bekommen alles, was das Herz begehrt, ja noch schlimmer: Diese »anderen« Eltern haben nie Stress, sind immer gut gelaunt, wohlhabend, total sympathisch und haben wahnsinnig viel Zeit für ihre Kinder. Woher wir das alles wissen? Von unseren Kindern, die im Klassenzimmer, auf dem Schulhof, im Fußballclub oder am S-Bahnhof überschüttet werden mit tollen Geschichten und Berichten aus dem Paradies. Nur blöd, dass ausgerechnet sie bei der großen Lotterie »Wer kriegt wen als Eltern?« zwei mächtige Nieten gezogen haben: nämlich uns! Die einzigen Menschen, die Jerrys iPod schon mal für drei Tage konfiszieren und verstecken, die selbst bei der 18-jährigen Tochter noch nach Hausaufgaben fragen und die Lukas keine 30 Euro zusätzlich zustecken, nur weil Pit bei der Geburtstagsparty im sündteuren Jachtclub seine Gäste abkassieren will ... ausgerechnet *die* sind die Eltern unserer Kinder geworden. Was ein Pech!

Nun ist es so, dass wir all die Legenden über die »anderen« Eltern gerne sofort glauben würden ... wenn wir sie nicht manchmal treffen oder am Telefon sprechen würden! Und da entlarvt sich dann doch recht schnell, was an Märchen von den lieben Kleinen so alles in die Welt gesetzt wurde. Von wegen »Ich darf fernsehen, so viel ich will« und »Ich hab' drei Snowboards, soll ich dir eines davon schenken?«.

# Freundschaftssuche

Hannah sammelt keine »Space Warriors« – obwohl ein Superheld durchaus in ihr derzeitiges Beuteschema passen würde. Umzingelt von mehr oder minder glücklichen Beziehungen, nervigen Partner-Problemen und desaströsen Trennungsstorys bei all ihren Altersgenossinnen sehnt sie sich, wie alle anderen Frauen auch, ab und zu nach einem Mann, der nicht albern und oberflächlich ist, sondern humorvoll und intelligent, zuverlässig und unternehmungslustig, sportlich und lässig. Das Angebot, da ist sie sich mit ihren Freundinnen einig, ist leider begrenzt. (Die Autorin reizt es an dieser Stelle ungemein, sich darüber auszulassen, dass eine solche Wunschliste schon per se absolut unrealistisch sei, wie dies ja ihr persönliches Schicksal mit dem männlichen Autor explizit beweise – aber auf dessen Wunsch unterbleiben sämtliche weitergehenden Ausführungen.)

Überraschend viele junge Mädchen aus Hannahs Freundeskreis haben keine lange, intensive Beziehung. Man schaut und probiert, sucht aus und legt ab. Denn entweder sind die wenigen interessanten Exemplare schon in fremden Händen, oder sie kommen nicht in die Gänge. Und die meisten Kumpels im Freundeskreis von Lukas haben gar keinen Bock auf eine echte, tiefe Beziehung. Sex kann man auch so haben, und eine Beziehung bedeutet Arbeit. Und Zuwendung. Und Aufmerksamkeit. Wobei wir jetzt einen heiklen, wunden Punkt streifen, der die Pubertäter von heute auszeichnet: sie alle tragen das Virus der großen Unverbindlichkeit in sich. Vergesst

Absprachen, Versprechen und Absichtserklärungen, es gilt das gebrochene Wort. Und das Schlimmste dabei ist: Niemand findet es schlimm!

Ein Beispiel. Hannah plant eine Party. Keine Riesenfete, nein, einen überschaubaren Abend mit vielleicht zehn, zwölf Nasen. Wir, die Eltern-Dinos aus grauer Vorzeit, hätten anno dazumal unsere besten und zweitbesten Freundinnen und Freunde abtelefoniert, nach vielleicht 15 Anrufen elf Zusagen bekommen und auf dieser Datenbasis die entsprechenden Einkäufe getätigt. Wir hätten dann einen Tisch für zwölf eingedeckt und zwölf Schampusgläser für das Welcome bereitgehalten.

Unsere Tochter macht das anders. Sie geht auf *Facebook*, macht Gott und die Welt auf den geplanten Termin aufmerksam, schreibt SMS an alle Kontakte aus ihrem Handy-Adressbuch und quatscht in der Schule rund 30 Leute an. Und dann passiert – nichts! Tagelang. Keine Rückmeldungen, keine Anmeldungen, nichts. Die Abkürzung »u.A.w.g.« halten 18-Jährige heutzutage mit Sicherheit für eine altägyptische Grabinschrift. Einen Tag vor der angesetzten Party kommt dann Stress auf. Alle melden sich – mit diffusen Botschaften. Ja, sie würden gerne kommen, aber es könnte sein, dass sie doch nach M. führen, weil dort ... na ja, unsere Tochter erfährt so wenigstens recht genau, wo sonst noch überall Partys stattfinden werden. Am Tag der Tage dann melden sich noch einmal alle, mit der Nachricht, dass sie vermutlich nicht kommen können, weil jetzt eben doch die Katze gestorben, die Tante gestürzt oder das Auto in der Werkstatt ist ... aber wer weiß, vielleicht schaffen sie es ja trotzdem noch!

Unsere Tochter ist inzwischen verzweifelt, kauft für circa vier bis 30 Leute Softdrinks, Pasta, Würstchen, Salate und Knabberzeug ein, legt fünf DVDs mit *Romantic Comedies* zurecht und wartet dann total genervt ab, was passiert. Und es kann alles passieren: dass überhaupt niemand kommt; dass exakt elf Personen kommen; oder dass 28 Typen eintrudeln, von denen jeder zweite noch jemanden mitbringt. »Hallo, das ist ein guter Kumpel von mir, der Eric.« – »Nee du, ich heiß' Ralf! Habt ihr auch Caipi hier?«

Von außen betrachtet (und das ist die einzige Warte, die Eltern von 17-, 18-jährigen Nachwuchs-Erwachsenen einnehmen können!), stellt sich die nächste Generation also in etwa so dar:

Ihr Markenzeichen ist die absolute Unverbindlichkeit. Sich immer schön bedeckt halten, solange es nur geht, sich bloß nicht auf irgendetwas konkret einlassen – es könnte ja noch Besseres nachkommen. Gleichzeitig schwebt über den heranreifenden Pubertätern der Duft der großen, weiten Welt. Sie sind gerade mal 17 oder 18, verhalten sich wie 30-Jährige, und sie denken nicht selten wie mit über 40. Miefige Provinzdiscos sind out, Lounges und Clubbing in, immer auf der Suche nach chilliger Atmosphäre und coolen Typen, die schon so erwachsen tun, als ob sie knapp vor dem Eintritt in die Frührente stünden. Am ehesten findet man die natürlich in jenen Locations, in die sie nicht jeden reinlassen – aber was heißt das schon zu Zeiten, in denen schon vor jedem heruntergekommenen Zeitungskiosk Türsteher vermutet werden dürfen! Und worüber wird dann bei überteuerten Drinks und Fingerfood geredet? Über Politik? Kunst? Philosophie? Das Wetter? – Alles falsch. Natürlich über sich selbst. Befindlichkeitsgequatsche in Reinform: wer – wie – was – wieso – weshalb – warum – wer nicht fragt, bleibt dumm. Und genau das kann sich keiner leisten im Info-Zeitalter, also werden auf diesem Jahrmarkt der Eitelkeiten selbst die unwichtigsten Nachrichten-Bits und -Bytes auf höchstem Niveau gehandelt. Wirklich wichtig ist nur man selbst, Sich-Produzieren lautet die Herausforderung – und entscheidend dabei ist, dass einem die anderen bei diesem Produktionsprozess gefälligst zusehen. Eine Kür des ewigen Schaulaufens, ohne Pflichtprogramm, sponsored by Mamas & Papas.

So, das waren jetzt gerade mal einige Zeilen Hass aus gegebenem Anlass, völlig übertrieben, realitätsfern und maßlos. Aber es hat gutgetan!

# FIX UND FOXI IM KOMA-TAXI

## Sucht – vom Wettlauf um die dickste Birne

»Papa, du musst noch die Einladung zu meiner Party schreiben!«

»Nee Jerry, *du* musst noch die Einladung schreiben!«

»Aber du hast versprochen, dass du mir hilfst!«

»Stimmt. Hab ich. Aber helfen heißt h-e-l-f-e-n – und nicht Papa macht alles allein! Ich zeige dir, wie du anfängst, und dann ...«

»Du hast es versprochen! Du bist so gemein.«

»Jerry, jetzt jammer hier nicht rum. Am besten, du machst eine Zeichnung und wenn du die hast, dann gehen wir zusammen an den PC. Wichtig ist, dass du erst einmal ...«

Der absehbare Rest des Satzes verröchelt im Lärm aufstampfender Kinderbeine. Und dann ist nur noch Folgendes zu hören: »Immer dasselbe. Wenn man was von euch will, klappt das nie. Ihr haltet immer erst einen Vortrag! Und habt keine Lust, und keine Zeit. Das ist gemein, gemein, gemein ...«

Der Sohn entschwindet mit Getöse, wobei vor allem die frisch renovierte Holztür zu seinem Kinderzimmer beim Zuschlagen zu leiden hat. Sie verliert, ebenso wie der Vater, fast die Fassung. Doch das wild gewordene Rumpelstilzchen jenseits der Zimmertür gibt noch immer keine Ruhe. »So gemein! Sooo gemein!« kann man es quer durch die Wohnung jammern und toben hören.

Wahrscheinlich wird sich gleich in Jerrys Zimmer unter der blau-gelb-gesprenkelten Auslegware der Boden auftun, beißender Qualm wird aufsteigen, der kleine Mann wird unter lautem Protestgeheul in einem glutroten Lavatümpel versinken und dabei laut brüllen: »Ach wie schad', dass niemand weiß, dass ich Opfer-Jerry heiß'!« Ein Naturschauspiel von ungeahnter Größe bahnt sich an, von dem seine bösen, verfluchten Eltern aber leider nichts mitbekommen werden, weil die Tür zum Kinderzimmer ja geschlossen ist.

Und trotzdem, auch dieses Märchen von einem, der auszog, seine Eltern das Gruseln zu lehren, wird wie die meisten Märchen enden – und damit anders, als uns Ratgeber wie »Sei immer streng und gib nicht nach, sonst macht dein Kind dich bald schon schwach« lehren. Denn alles wird ganz anders ablaufen. Nach einer gefühlten Ewigkeit, also irgendwann nach zwei, drei Minuten, wird der besorgte Vater die Nase ins Kinderzimmer stecken und harmlos fragen: »Na, Bär, alles in Ordnung?« Jerry wird schweigend bäuchlings auf seinem Bett liegen und demonstrativ in seinem Lieblingsbuch lesen. Natürlich wird er sich nicht umdrehen, dafür aber vielleicht ein, zwei Mal leicht mit den Schultern zucken, so als ob er von nur mühsam unterdrückten Heulkrämpfen geschüttelt würde.

Sein Vater wird dann einige Schritte auf das Bett zumachen, das schlechte Gewissen, gepaart mit Mitleid und

Demut, wird wie ein kleines Wölkchen über seinem schamgebeugten Kopf stehen, und er wird vorsichtig nachfragen: »Jerry, alles okay? Wenn du willst, können wir die Einladung ja jetzt...« Und weil das auch nichts nützen wird, wird der sorgenzerfurchte Haushaltsvorstand ein Angebot nachschieben, das erfahrungsgemäß nie abgelehnt wird: »Soll ich dir vielleicht eine Schüssel Cini-Minis bringen?« Nach zehn langen Sekunden wird Jerry ganz leicht, aber triumphierend nicken – eine fast unsichtbare Kopfbewegung, gefolgt von einem letzten kleinen Schluchzer: Jawohl, Jerry, der Gewinner dieser Kraftprobe, er lässt sich jetzt ein auf diesen Super-Tausch-Deal »Cerealien vom Papa für die Gunst des Kindes« – was für ein grandioses Geschäft!

Nachdem der Vater leise die Tür hinter sich zugezogen hat, wird ein Lächeln über Jerrys Gesicht huschen, eventuell macht er sogar die Becker-Faust, oder er wirft sich mit (natürlich unterdrücktem) Siegesgeheul in die Kissen. Es kann viel passieren in so einem Kinderzimmer – und wir, die Eltern, werden die Letzten sein, die es erfahren.

Unterdessen verrührt Papa in der Küche erleichtert goldbraune Getreidekissen und sehr viel Zucker mit literweise Milch, nur um dann festzustellen, dass er wieder einmal vor den Trümmern seiner eigenen Ansprüche steht. Er beutet das Suchtverhalten eines Minderjährigen schamlos für eigene Interessen aus. Die aber letztlich, wenn wir uns recht erinnern, die Interessen des Kindes waren, welche der Vater nur nicht eilfertig bediente, was zu einer Entfremdung führte, die wiederum der Vater nicht ertrug. Pädagogisch konsequent war die erste Idee:

Kind schreibt Einladung selbst, Vater hat seine Ruhe. Real ist hingegen der Ablauf: Kind sauer, Vater hat ohne jeden Grund schlechtes Gewissen und führt dem Schutzbefohlenen ohne Not verbotene Substanzen zu. Es ist ekelhaft. Wären das andere Eltern, würde man den Kopf schütteln, etwas von »Grenzen setzen« und »Empowerment durch Heranführen an neue Aufgaben« murmeln und selbstzufrieden zu einem Stück Schokolade greifen. Serotonine, sogenannte »Glückshormone« in der Schokolade, setzen positive Gefühle frei – etwa das gute Gefühl, in der Erziehung zu wissen, was man tut.

Stattdessen muss man wissen: Cini-Minis stehen bei uns seit Längerem auf der Dopingliste, ebenso wie Nougat-Bits, Toppas und Chocos, Frosties oder Happy Hippos. Zu viele und zu viel davon wurden in zu kurzen Zeiträumen an die Kinder verabreicht, beziehungsweise von den Pubertätern selbst in zu hohen Dosen an sich ausgeschüttet. Es dauerte einige Zeit, bis wir zu der Erkenntnis kamen: Ja, unsere Kinder sind abhängig! Oder präzise formuliert: *Wir* hatten sie abhängig *gemacht*. Mit billigen Getreideflocken im Zimtmantel, mit Nutella zum Frühstück, mit *Red Bull*-Basecaps zum Geburtstag, mit Frühstück-ans-Bett-Bringen am Sonntag und Verlorene-Handschuhe-sofort-Nachkaufen im Winter, mit Fernsehen zur Unzeit, mit Eistees aus dem Kühlschrank und Erdnussflips zum Vorzugspreis. Allesamt Einstiegsdrogen in die knallharte Welt der großen Bedürfnisse, der Wunscherfüllung auf Knopfdruck, der gigantischen, unbegrenzten Rallye nach immer mehr und immer härteren Reizen.

Alltag in bürgerlichen Familien: Die Eltern liefern, die

Kinder nehmen huldvoll an. Und die andere feindliche Welt, in der Kinder froh sind, wenn es Frühstück und Aufmerksamkeit und Bedürfniserfüllung und vielleicht sogar Liebe gibt, die ist ganz, ganz weit weg. Morgens um zehn in Deutschland, jenseits von Hartz IV und Alleinerziehermutter-Aufstocker-Überlebenstraining, ist alles sehr einfach: Wir, Eltern und Kinder, leben sehr gut – und vergessen das allzu oft.

Reizbefriedigung? Wir wissen, wovon wir reden: Es beginnt mit der Sucht nach den täglich verfügbaren, knusprigen Cornflakes und endet mit tödlicher Sicherheit bei Alkohol, Zigaretten und Drogen! Warum sonst stolpert die Mutter dieser Kinder jeden Abend nach dem Dienst als Erstes in die Küche und ruft: »Ah, und jetzt ein Glas Rotwein. Schade, dass ich nicht mehr rauche. Wo sind eigentlich diese Pralinen mit Birnenschnaps geblieben, die neulich irgendein phantasieloser Gast mitgebracht hat? Und ist noch genügend Bier im Kühlschrank, für den Fall der Fälle?« Der Fall der Fälle lautet: Es gibt nur eine Lösung. Raus aus der Abhängigkeit. Jetzt. Heute noch. Sofort. Schluss, aus, basta.

Wir entwarfen eine lange Liste mit künftigen No-Nos – und wir entwarfen sie ohne unsere Kinder. Was sich schnell rächen sollte. Denn die erste Konsequenz dieser Liste war ein verschlankter Einkaufszettel, ohne Süßigkeiten, ohne Junkfood, ohne Gimmicks, also nur mit all den Sachen, die unsere Kinder unter dem Prädikat »Bäh, alles bio und widerlich gesund!« brandmarkten. Und so lauteten die ersten Kommentare auch »Mann, die wollen uns glatt verhungern lassen!« oder »Wenn das so weitergeht, zeigen wir sie an!«. Zum Glück wohnt in unserer Nachbarschaft kein Rechtsanwalt, der sich auf derartige Fälle spezialisiert hätte.

In der Folgezeit verliefen alle innerfamiliären Gespräche immer nach demselben Muster.

»Mama, wo sind eigentlich die Schokoflocken?« (Erster Unmut, weil der Tisch noch nicht gedeckt ist – was man zwar erwartet, aber niemals ungefragt selbst tun würde.)

»Gibt's nicht mehr!« (Mutter wappnet sich.)

»Wie ›Gibt's nicht mehr‹? *Nie* mehr?« (Stimme des Sohnes geht in die Höhe.)

»*Nie* mehr!« (Mutter bereitet sich auf längeren Vortrag über den Zusammenhang zwischen Ökologie, Ökonomie und Gesundheit unter besonderer Berücksichtigung der Bedürfnisse fünfköpfiger Privathaushalte vor.)

»Und die Chicken Wings?« (Stimme des Sohnes ist jetzt sehr laut.)

»Auch weg!« (Mutter überlegt, ob sie schnell *Tiere Essen* von Jonathan Safran Foer auf den Tisch legt, 500 Seiten über die Brutalität der industriellen Tierhaltung – aber dafür scheint es jetzt zu spät zu sein.)

»Und was gibt's jetzt noch?« (Stimme des Sohnes scheint wegen Schocks – oder ist es schon die körperliche Schwächung durch nachhaltigen Hunger? – zu versagen.)

»Vollkornbrot ist da! Und Joghurt. Quark. Müsli. Buttermilch. Oder ein Apfel!« (Mutter klingt bemüht munter.)

»Buttermilch? Habt ihr sie noch alle? Und der Apfel hat Flecken.« (Sohn lacht höhnisch.)

Die Mutter schweigt, schneidet die braune Stelle aus dem Apfel, stellt Apfelschnitze auf den Tisch, wie zu jenen Zeiten, als die Kinder noch dankbar für Obstteller waren, und gurrt mehr, als dass sie fragt: »Und Schatz – was nimmst du jetzt?«

»Ich geh zu McDonald's! Hier gibt es ja nichts.« (Sohn nimmt seine Jacke und geht zur Tür.)

»Man kann auch nachhaltig und fleischlos und biologisch-dynamisch gut essen«, ruft die Mutter ratlos und wahnsinnig überzeugend den sich gemeinsam entfernenden Kindern hinterher.

»Man kann auch nachhaltig alles allein essen, bis man vom Fleisch fällt, und dann kann man sich biologisch-dynamisch einsargen lassen«, kontert der Sohn. Abgang. Türen schlagen.

Die Mutter bleibt mit Sojawurst und Biobratling allein zurück. Sie fragt sich, ob das Sushi vom Asiaten um die Ecke eigentlich ein Biosiegel hat, und beschließt, nachschauen zu gehen und auswärts zu essen.

Daheim blieben wir natürlich konsequent. Konsequenz ist die oberste Erziehungsregel, das will jahrelang geübt sein. Der Hunger treibt's rein, heißt es doch, oder? Also weiterhin keine Cini-Minis? Das Elend kroch derweil langsam, aber stetig durch die Ritze unter unserer Küchentür. Unsere Kinder hassten uns. Vor allem unsere Vorstellungen von einem gesünderen Leben. Jahrelang hatten wir ihnen doch die Einstiegsdrogen für ein heiter-unbeschwertes Dasein als perfekter Allesfresser-Konsument verabreicht, freiwillig und ohne Not. Wir waren es doch, die sie angefixt hatten mit tausendundeins Köstlichkeiten aus dem Supermarkt. Wir selbst hatten sie im wahrsten Sinne des Wortes angefüttert mit dem Methadon des kleinen Mannes – und jetzt? Jetzt sollte plötzlich alles vorbei sein? Der Proteststurm war gewaltig. »Krieg den Eltern, Friede den Kinderzimmern«, lautete die Devise im erbittert geführten Rohstoffkrieg um Kalorien und Kohlenhydrate.

Wochenlang herrschte Krisenstimmung, bis sich plötzlich gegen alle Erwartungen die Parteien an die neuen Vorgaben zur Nahrungsaufnahme gewöhnt zu haben schienen. Warum? Es gibt da einige elterliche Geheimverstecke, die so gut getarnt sind, dass alle Kinder sie seit Jahren genauestens kennen. Dort liegen bis heute Notrationen verbotener Substanzen – nur so zur Sicherheit. Falls ein Weltkrieg ausbrechen sollte. Oder falls der Vater nächtens von einer seiner berüchtigten Heißhungerattacken übermannt werden sollte.

## Die große Sehnsucht nach mehr

Stichwort »verbotene Substanzen«. Drei Meter entfernt von Jerrys Wutanfall hinter geschlossener Tür, jenseits des Ganges, wohnt Lukas. Wobei der Begriff »wohnen« im Fall des 17-Jährigen nicht unbedingt die wahrheitsgemäße Zustandsbeschreibung seines Zimmers darstellt. Man könnte es eher »hausen« nennen. Eigentlich weist sein Zimmer sämtliche Bestandteile eines ganz normalen, absolut durchschnittlichen deutschen Jugendzimmers auf – mit Schreibtisch, Bett, MP3-Player-Dockingstation,

Metallica-Poster und zwei E-Gitarren auf verchromten Ständern. Nur sind alle Elemente der Einrichtung eben nicht dort, wo man sie vermuten würde: Wäschehaufen am Boden, dreieinhalb Paar getragene Socken unterm Bett, Stapel von Schulheften und -büchern auf dem Kicker, eine Schale Erdnüsse hinter dem Heizkörper, das immer noch müffelnde Einwickelpapier eines Cheesburgers im Kleiderschrank, ein Glas mit vier Tage altem Orangensaft zwischen den Matratzen (in ihm schwimmt auch das lange vermisste Plektron fürs Gitarrespielen), dann noch das Kickboard, das hinter der Jalousie zur Balkontür eingeklemmt ist, und eine korrigierte Englisch-Schulaufgabe zwischen den Turnschuhen.

Einen Ehrenplatz jedoch gibt es in dem Raum, an dem nichts angerührt, von dem nichts entfernt und nichts unbefugt dazugestellt werden darf: das oberste Brett auf dem mannshohen Bücherregal. Dort oben thronen, säuberlich aneinandergereiht, sieben leere Flaschen – viermal Wodka, einmal Tequila, eingerahmt von zwei *Corona*-Bierfläschchen und einer Energy-Drink-Dose. Trophäengleich beherrschen sie den gesamten Raum, ganz offensichtlich mit Stolz ausgestellt, gedacht als Symbol für die Trink- und Standfestigkeit desjenigen, der sich mit den Flaschen einen »Leerauftrag« erfüllt hat. Außerdem dienen sie ganz wunderbar als Provokation für Lukas' Eltern, also für uns. *Rachmaninoff, Boris Jelzin, Gorbatschow* – allein die sinnfreie Namenswahl verrät, dass es sich bei dem Wodka um Erzeugnisse deutscher Prägung aus dem Discounter handelt. Wir haben uns oft gefragt, ob wir diesen hochprozentigen Flaschenaltar nicht einfach der

Mülltonne überantworten sollten, aber...wir tun es nicht! Denn vielleicht lässt sich das aberwitzige Monument doch noch umwidmen in ein Mahnmal gegen hemmungsloses Trinken.

Lukas und seine Kumpel wissen ganz genau: Sobald es um Alkohol- und Drogenmissbrauch geht, brennen bei Eltern die Sicherungen durch. Vor allem das Phänomen Alkohol erscheint ihnen wie eine Zeitbombe, deren genaues Timing niemand kennt. Uns, die wir schon damals angstzerfressen von kindlichen Alkoholleichen albträumten, stellte sich bei der Geburt von Lukas schon im Kreissaal die bange Frage, wann er zum ersten Mal einen tiefen Schluck aus der Flasche nehmen wird. Jetzt gleich? Und dann wieder mit 15? Mit 14? Oder noch früher?

Die Faktenlage ist ebenso eindeutig wie brutal: Jeder zweite 15-Jährige in Deutschland trinkt regelmäßig. Jeder zehnte Zwölfjährige trinkt mindestens einmal in der Woche Alkohol, zwei von fünf aller 15-Jährigen haben einmal pro Woche sogar einen Rausch, das heißt, sie kippen sich mindestens fünf Gläser Alkohol direkt hintereinander in die Kehle. Die Erstbegegnung mit dem Gefahrenstoff Nummer eins hat rund die Hälfte aller Kids bereits mit 13 Jahren hinter sich, und interessant dabei ist vor allem, dass an Haupt- und Realschulen zwar jeder vierte Schüler trinkt, an Gymnasien aber sogar jeder dritte. Das sind die erschreckenden Ergebnisse einer aktuellen Gesundheitsstudie der DAK und der Leuphana Universität Lüneburg.

Auch Lukas hat dafür gesorgt, dass diese Zahlen absolut belastbar und realistisch sind: Sein erstes Mal geschah nämlich nachweislich im zarten Alter von 14 Jahren, auf einer Party mit Gleichaltrigen. »Mensch, Leute, da gab's halt kein Mineralwasser! Und wenn es eins gegeben hätte, glaubt ihr vielleicht, ich hätte das getrunken? Ich mach mich doch nicht zum Deppen!« war am nächsten Morgen seine zwingende Begründung für den großen Sündenfall, der – typisch für seine Eltern – natürlich nicht mit der sofortigen Vertreibung aus dem heimischen Kinderparadies geahndet wurde.

Der Umgang mit Alkohol ist schwierig. Nicht für die Kids – nein, für Eltern. Zum einen sind wir es ja selbst, die karton- und kistenweise hochprozentigen Nachschub für den Eigenbedarf herankarren. Die faule Ausrede, dass man für einen Gästeansturm ungekannten Ausmaßes gefälligst gewappnet sein müsse, nehmen einem die eigenen Kinder schon lange nicht mehr ab.

Andererseits gibt es für dieses Thema in unserer Familie zwei moralisch unantastbare Instanzen: Lukas' Bruder Jerry, der mit seinen elf Jahren Alkohol zwar buchstabieren kann, aber gottlob noch nicht konsumiert (hoffentlich!), und Hannah. Ihre Alkoholbilanz über nunmehr 18 Jahre sieht wie folgt aus: Bier – null; Alcopops, Mixgetränke, Drinks und Cocktails – null; Sekt, Champagner, Schaumwein, Prosecco – null. Eindrucksvoll, jedenfalls in unseren Augen. Lukas versteht die Welt nicht mehr: Ausgerechnet *er* muss eine Schwester haben, die nichts, aber auch gar nichts von Alkohol wissen will! Wie peinlich! Ja, noch schlimmer, sie will es nicht einmal versuchen. Kein Nippen an einem Likörglas, kein Probierschluck aus der Bierflasche – nichts davon. »Gott, was muss meine Schwester ein langweiliges Leben haben!«, lautet denn auch das abfällige Urteil. Wie kann man existieren ohne diesen Hochgenuss, und vor allem: *Warum* will man in einem solch bedauernswerten Fall überhaupt existieren?

In der Folgezeit durften wir uns aus seinem Mund immer wieder allerlei gruselige Geschichten anhören, die – wundersame Fügung des Schicksals – angeblich immer nur anderen passiert waren. Zum Beispiel Mario. Ihn haben seine Eltern nachts um halb drei auf der örtlichen Polizeiwache in Empfang nehmen dürfen, nachdem er vor dem Jugendzentrum randaliert hatte. Lukas war übrigens rein zufällig auch auf der Party, die Mario Stunden vorher als »Tankstelle« gedient hatte. Oder Lorenz. Er versetzte auf einer Schulfeier am Gymnasium seinen Freunden einen gewaltigen Schrecken, als er nach elf Wodka-Cola den Pullover auszog und sich auf dem Basketballfeld im Freien zum Schlafen niederlegte – bei winterlichen Temperaturen unter null. Lukas war übrigens wieder rein zufällig auch auf dieser Party ganz dicht dran am Geschehen. Wenn er davon berichtet, dann klingt das alles keineswegs nach Horror-Storys oder aufwühlenden Erlebnissen, von wegen: Ein genießerisches Grinsen, ein keckes wissendes Lachen huschen über sein Gesicht, gepaart mit Bewunderung und Abenteuerlust. Tolle Kumpels, harte Kerle, super Partys!

Trinken bis zum Umfallen, Saufen bis ins Koma, Spaß nur gegen Promille – es sind Losungen wie diese, die uns Eltern den Schlaf rauben. Haben wir genauso viel gesoffen und das nur verdrängt? Haben wir vielleicht einfach weniger vertragen, oder in jungen Jahren weniger Alkohol beschaffen können, oder weniger Taschengeld für diese

Unsummen an Schnaps gehabt? Oder waren unsere wilden Jahre jene Zeiten, in denen man mehr kiffte als soff? War der Alkohol (die Amselfelder 2-Liter-Bombe für gerade mal 2 Mark 99) einfach so schlecht, dass man nach einer halben Flasche ohnehin aus den Latschen kippte? Der Dunst der Verdrängung legt sich über dieses Pleistozän – denn ungefähr so weit weg fühlt sich der Sturm und Drang an.

Andere Eltern in unserem Umfeld behaupten, sie hätten auch gesoffen wie die Löcher, sich aber nicht so oft erwischen lassen. Also sind die überbehütenden Eltern heute schuld? Warum aber steigen dann die Zahlen der Kids (und sie werden immer jünger) in den Notaufnahmen der Krankenhäuser des Nachts, wo sich 14-, 15-jährige Mädchen mit verlaufener Wimperntusche, hochgerutschten Hemden, meterhohen Stiefeletten an schmalen Kinderbeinen und 2,5 Promille im Blut zum Tanz der Alkoholleichen versammeln? Und wo 16-, 17-jährige Jungs nach zehn Wodka-Bull randalieren, weil sie nicht einsehen, dass sie nicht zurückdürfen auf die Party, wo die Eltern sturmfrei gegeben und ihrem Sohn eingeschärft haben, mehr als zwei Bier pro Gast sei nicht drin? Nette Eltern. Dumme Eltern. Allein in Bayern wurden 2008 rund 5400 Patienten im Alter zwischen zehn und 20 Jahren wegen Trunkenheit stationär eingeliefert.

## Ohne Alk ist jede Party uncool

Heute geht das so: Man geht zum Vorglühen mit Tropical White Rum von der Tankstelle und dann zum Abfüllen auf eine Fete mit Gratisbier. Dabei wird immer schön nachgekippt, weil es die Freunde einfordern – die hippen Party People haben kein Problem damit. Und wer mit der Handy-Flatrate telefoniert, bis die Finger schmerzen und die Ohren glühen, der wird doch wohl auch noch mit der Kneipen-Flatrate trinken dürfen, bis … ja, bis was eigentlich? Bis ein paar Hundertschaften Gehirnzellen absterben? Bis der Wirt Nein sagt? Oder bis die Polizei kommt? Muss gar nicht.

Bei Privatpartys immer gern gesehen sind nämlich jene Eltern, die mit ihren Kindern vorher einkaufen fahren. Mit dem großen Auto natürlich, damit besonders viel reinpasst. Zu ein paar Kisten Bier kommen dann noch ein paar große Flaschen Sangria und der obligatorische Wodka, man will sich ja nicht lumpen lassen. Was die Eltern nicht peilen: Fast jeder der Gäste – und meist sind es weit mehr ungebetene, unbekannte Gäste, als so ein Partykeller Quadratmeter hat– bringt zusätzlich noch sein eigenes Zeug mit. Eine Party ohne richtig viel Alk ist uncool. Und wenn dann noch der Weinkeller der Gastgeber dran glauben muss – zu schade! Die Gastgeber: zwei Sorten von Eltern. Die einen lassen das alles geschehen, heben am Tag darauf ein paar Hunderter vom Sparkonto ab, renovieren Flur und Bad, kaschieren die Brandstellen im Parkett und wischen alles einmal feucht durch. Und die anderen verbreiten im Vorfeld schon so viel Panik, dass ihre Kinder lieber woanders feiern. Das nennt man Übertragung von Verantwortung.

Hannah schaltet sich ein.

»Was habt ihr denn gegen Spaß? Natürlich zischen die Jungs einen, weil's Spaß macht.«

Tolle Verteidigungsrede einer Schwester, die es gut meint mit dem eigenen Bruder. Blöd nur, dass auch sie immer mal wieder davon erzählt, wie sich Andi hat vollaufen lassen auf Nikkis Fete, wie Conni total abgefüllt vom Notarzt ins Krankenhaus gebracht werden musste (»Koma-Taxi« heißt diese Transportart bei den Jugendlichen) oder wie Reinis Eltern aus allen Wolken gefallen sind, als sie aus dem Wochenendurlaub zurückkamen ins gar nicht mehr traute Heim. Verwüstung total! Eine Meute von weit mehr als 80 Kids hatte sich über die Doppelhaushälfte hergemacht. Ketchupflecken zierten die Wände, aufgetaute Tiefkühlhähnchen schwammen im Swimmingpool, im Wohnzimmer verrieten fingerdicke Löcher in der Wand, dass man einen Dart-Wettbewerb mit Messern und Gabeln ausgetragen hatte, dazu jede Menge Flecken auf dem hochflorigen weißen Teppich … der Polizeibericht schwelgte förmlich in allen hässlichen Details.

Dabei hatte Reini eigentlich nur eine Handvoll bester Freunde eingeladen. Aber die haben eben im Vorfeld der Party fleißig getwittert, gesimst, gemailt und gechattet – mit dem Effekt einer Kettenreaktion: Alle fühlten sich gerufen, und viele kamen. Was man früher nur mit Plakatieren oder Radiodurchsagen geschafft hat, ermöglichen heute Handys und PCs in Sekundenschnelle. Jeder weiß alles, sofort – mit Ausnahme vielleicht von Reinis Eltern.

Sie durften erst am Tag danach erfahren, was der Unterschied zwischen einer privaten Feier und einem öffentlichen Besäufnis ist. Wie man hört, sollen die Aufräumarbeiten noch bis heute andauern.

Bei uns in der Gegend gibt es einige Sprösslinge, die bedauern, dass sie nicht da waren. Schließlich ist dort ja endlich einmal was los gewesen, ein echtes Event, von dem heute noch geredet, ja geschwärmt wird. Was sagt Hannah, die ungerührte Unberührbare in Sachen Alkohol dazu? »Stimmt! Schon unglaublich, was da weggeräumt wird!«

Hannah war allein in diesem Jahr drei Mal mit Freundinnen auf dem Oktoberfest, dem Paradies auf Erden für alle, die es einfach richtig krachen lassen wollen. Bier in den Zelten, Alcopops an den Ständen, Wodka aus dem eingeschmuggelten Flachmann und Obstler obendrauf – wo ist das Problem? »Du musst nur aufpassen, dass du auf dem Heimweg nicht in eine Schlägerei kommst.« Und auch da mischen die unter 18-Jährigen schon fleißig mit: Rund 30 Prozent aller Straftaten von Heranwachsenden werden im Rausch begangen. Bei Gewaltdelikten ist sogar jeder zweite Täter betrunken.

In den Augen der Pubertäter sind wir Eltern mit einer genetischen Ausstattung auf die Welt gekommen, die umgehend jeden Anflug von Spaß und Sinnesfreude im Keim erstickt. Lukas, der das Pech hatte, ausgerechnet diese Ausformung von Eltern erwischt zu haben, bringt es auf die Formel: »Ihr seid so krass spießig!«

Spießig? Ein Beispiel aus der letzten Woche. Wir holen Lukas im Nachbarort ab. Treffpunkt: die Bushaltestelle,

16 Uhr. Schon von Weitem fallen uns die fünf Jungs auf, die ihm Bierflaschen schwenkend Gesellschaft leisten. Von wegen Eistee oder O-Saft! Man ist stark, man ist mutig und männlich. Und das muss gefälligst auch jeder sehen. Tut auch jeder. Etwa unsere Nachbarin. »Sagt mal, ihr wisst schon, dass Lukas mit seinen Freunden neulich an der Bushaltestelle ...«, flüstert sie uns unter dem Siegel der Verschwiegenheit bei nächstbester Gelegenheit zu. Ja, wir wissen es. Und Lukas weiß auch, dass wir es wissen. Gut so.

Oder die Nummer auf dem Volleyballfeld, samstagmorgens um zehn. Die Mannschaft ist angetreten, Lukas eher angewankt, weil er noch von der Nacht zuvor angeschlagen ist. Der Trainer ist peinlich berührt, die Kumpel schwanken zwischen »Cool, der will besoffen Volleyball spielen« und »So verlieren wir aber«, und als die Mutter (auch Mütter von Pubertätern wollen ihre Kinder manchmal noch bei außerschulischen Aktivitäten bewundern, was ihren Kindern enorm peinlich ist) unerwartet in der Halle auftaucht, um anzufeuern und zuzujubeln, steht da ein schwankender Sohn auf dem Feld. Ein Wort, ein Blick, ein Abmarsch – unter den Augen einer ganzen Halle. Und zum Schluss: ein großer, kleiner Junge, der sich zu Tode schämt. Immerhin. Ob das vorhält?

## Laufen lassen – saufen lassen?

Was sagt eigentlich der Fachmann zum Thema Alkohol und Jugend? »Traditionellerweise haben Eltern darauf mit Verboten, Konsequenzen und Strafen reagiert, was ihre Kinder aber nur in Ausnahmefällen dazu gebracht hat, ihr Verhalten zu ändern. Daher fühlen wir uns oft hilflos, wenn wir junge Menschen nicht dazu bringen können, sich so zu verhalten, wie wir es für richtig halten. Doch dies ist letztlich eine glückliche Entwicklung, von der die zukünftige Beziehung zu unseren Kindern noch sehr profitieren wird.« – Wie bitte? Verstehen wir Jesper Juul, den dänischen Pubertäts-Guru, in seinem Sachbuch-Bestseller *Pubertät – Wenn Erziehen nicht mehr geht* da wirklich richtig? Einfach nichts tun, sich dabei aber glücklich schätzen? Ein toller Plan, den wir gerne sofort umsetzen würden, wenn wir nur daran glauben könnten.

Eines ist klar: Lukas fühlt sich extrem schlecht behandelt von uns, weil er in einen Topf mit angeblich »einigen wenigen« geworfen wird, die sich nicht beherrschen, die nicht wissen, wann Schluss ist. Trinken ist für ihn okay, bis zu dem Punkt, wo das Gut-drauf-Sein umschlägt in ein Nix-mehr-Sehen-und-nix-mehr-Wissen. Eigentlich eine sympathische und vernünftige Benchmark – wenn sie denn nur konsequent eingehalten würde. Aber was war das dann mit dem Volleyball-Fiasko? Oder was ist mit den Momenten, in denen er mit leicht glasigem Blick nach Hause kommt und auf ungewohnt freundliche Art versucht, ein längeres Gespräch (okay, nennen wir es ruhig Verhör!) zu vermeiden, das seine Eltern meist so einleiten: »Na, wie war's? Hattet ihr Spaß? Wo habt ihr denn gefeiert? Wer war alles da? Und, hast du was getrunken?«

Bestsellerautor Jesper Juul schlägt an dieser Stelle immer offene Fragen vor, getrieben von echtem Interesse. Wie aber geht das? »Hallo, Lukas, wie war dein Tag?« Oder: »Na Alter, alles klar?« Unser echtes Interesse ist es zu wissen, ob er in die Ausnüchterungszelle muss. Wie fragen wir das offen? Ist »Lukas, wie besoffen bist du?« offen genug? Immerhin muss man darauf nicht mit Ja oder Nein antworten, sondern kann variieren: sehr, wenig, passt schon, ich geh dann mal pennen. Allerdings meint Juul das wahrscheinlich nicht. Er meint: Gar nicht fragen, machen lassen. Im Hintergrund bleiben. Solidarisch sein.

Komisch, wir haben da andere Erfahrungen gemacht: Im Gespräch bleiben, nachfragen, hinschauen, auch mal zwei von drei Flaschen Wodka aus dem Rucksack nehmen, bevor es auf die Piste geht – das kommt nicht immer gut an, aber Lukas weiß, dass wir dran bleiben. Und er fürchtet sich ein bisschen davor. Wahrscheinlich würden wir deshalb von Bernhard Bueb, dem Erziehungspapst, der Strenge propagiert, eine Medaille kriegen. Offen oder streng – unsere Erfahrung lautet: sie müssen wissen, dass du Bescheid weißt. Dann hauen sie ein bisschen weniger auf die Kacke. Entschuldigung, aber so sagt das unser Sohn.

Und wie reimt sich Lukas das wohl alles zusammen? Wir glauben, dass er sehr gut einschätzen kann, wie das alles in Wirklichkeit ist. Dass nämlich wir – seine Eltern – ständig mit Unterstellungen arbeiten, mit den schrecklichsten Vermutungen, mit der Gewissheit, dass unsere komasaufenden Kinder und deren Lebe(r)n dem Untergang geweiht sind – und warum? Weil wir hysterisiert sind von Medienberichten über dauerbewusstlose Jung-Penner, über Kneipiers, die sich an saufenden Naivlingen eine goldene Nase verdienen, über Jugendliche, die Hand in Hand mit einem Filmteam am Samstagabend losziehen und sich dabei zuschauen lassen, wie sie sich mit Pillen, Powerdrinks und Flatrate-Eimern die Kante geben? Anstatt dass wir unseren Kindern in die Augen schauen und zugeben: Ja, unsere Kids übertreiben, aber letztlich wissen sie, was sie tun.

Man könnte ja auch mal zuhören. Was ist so faszinierend am Trinken? Wenn man Lukas und seine Freunde hört, wird schnell klar: Es geht vor allem ums Ausbüxen. Der Alkohol dient dabei als Brandbeschleuniger. Nix wie weg aus einem schrecklich langweiligen Alltag, weg von dem ewig gleichen Korsett Aufstehen-Schule-Heimkommen-Hausaufgaben-Sportverein-Abendessen-Bettgehen, dahin, wo die Action ist und der Pulk all der anderen Frustrierten, die sich dringend betäuben müssen ... Oder sind auch das alles nur elterliche Klischees, nicht ausrottbare Vorurteile gegenüber einer neuen Jugend, die die Dinge eben lockerer, unverbindlicher, spaßiger sieht?

Dialog aus dem Internetforum www.*netdoktor.de*

*BAUM (17)* postet:
Ich grüße euch, ich bereite morgen zusammen mit guten Freunden einen Rekordversuch vor, bei dem wir

versuchen werden einen Kasten Bier (20 Flaschen a 500 ml) über den Tag verteilt zu verzehren. Mich würden mögliche Folgen und Risiken aus rein medizinischer Sicht interessieren. Wie wirken sich 10 Liter Flüssigkeit bzw. der entsprechende Alkohol aus?

*H. S.* antwortet:
Wenn du zu viel Flüssigkeit aufnimmst (10 Liter sind zu viel), dann kann es passieren, dass durch den Verdünnungseffekt der Natriumgehalt im Blut absackt. In schweren Fällen kann es dadurch zu einer tödlichen Hirnschwellung kommen.

Zwei Tage später. *BAUM* antwortet:
So Projekt ist abgeschlossen. Mehr oder weniger erfolgreich...
Habe abgeklumpt nach 18 Flaschen Bier. Generell aber sehr gut machbar... kann es nur weiterempfehlen.

Der 18-jährige *ANONYM* antwortet:
SAG MAL HABT IHR SONST NIX ZU TUN???
Ihr sauft, damit ihr Spaß habt, damit fängt alles an. Sowas zu machen ist gefährlich und glaub mir, ich weiß wovon ich rede. Wünsche dir, dass die Einsicht mal Rekord über was Intelligentes aufzustellen kommt. Trotzdem Grüße

*IDIOTISCH* antwortet:
*ICH KRIEG MICH DA WIRKLICH NICHT EIN !!! SEID IHR WIRKLICH SO DOOF UND NAIV UM SON SCHEISS ZU MACHEN?*

*WAS KOMMT ALS NÄCHSTES? WER TRINKT FLASCHE SCHNAPS AUF EX? SAGT MIR BESCHEID, ICH ZEIG EUCH, WO DER HAMMER HÄNGT!!! HABE ERFAHRUNG MIT KLABAUTERMANN, BIN IHM MIT 16 MAL VON SCHIPPE GESPRUNGEN, ABER SEIN GESICHT WERD ICH NIE VERGESSEN!!! VERLIERER GIBTS IMMER UND IHR SEID WELCHE, WENN IHR WEITER SON MIST VERANSTALTET!!! 10 LITER WIRKEN SICH GANZ BESTIMMT GUT AUF KÖRPER AUS, DIE FRAGE WAR JA WOHL NICHT ERNST GEMEINT. BITTE LASS FORUM FREI FÜR LEUTE, DIE WIRKLICH PROBLEME HABEN, GEH DOCH AUF DIE SEITE: ICH BIN LEBENSMÜDE, NA UND??? KÖNNTE GRAD KOTZEN, EHRLICH, SORRY*

*D. H. (23) postet:*
Das sieht hier irgendwie nach pubertärem Verhalten Jugendlicher aus, was aber in einem gewissen Alter sicherlich nichts Ungewöhnliches ist. Ich denke, da brauchen wir uns keine Sorgen zu machen, wenn sowas mal ab und zu vorkommt.

Wir haben uns oft gefragt, ob wir als Eltern viel zu überspannt reagieren, wenn wir das Thema Alkohol und Drogen immer und immer wieder problematisieren, ganz nach dem Motto: Lieber volllabern als vollsaufen!

Dazu Lukas: »Oh Mann, ihr schon wieder. Müsst ihr immer bei allem total übertreiben? Wir saufen doch gar nicht ... so viel!« Ein durchaus ernst zu nehmender Zwischenruf, der verrät, dass Lukas es hasst, wenn seine Eltern die apokalyptischen Reiter losbinden und furchtbare Schreckensgemälde an die Wand werfen.

Tatsächlich gibt es ja auch die anderen Eltern, die Alkohol oder Drogen als Teil einer länger währenden Initiation betrachten – wie jene Mutter, die nach Auskunft ihres Sohnes recht froh ist, dass er ab und zu einen Joint raucht.

»Sie findet, es ist besser, Marihuana zu rauchen, als sich regelmäßig die Kante zu geben.«

»Und dass die Polizei dich schon ein paarmal erwischt hat, ist ihr das egal?«

»Na ja, ich musste 24 Sozialstunden in einer psychiatrischen Klinik ableisten, mein Kumpel 100 Stunden im Altenheim plus Therapie. Meine Mutter hat mich gewarnt, dass ich nur noch was zum Eigenbedarf daheim haben darf.«

Coole Mutter. Noch cooler ist der Vater, der – wie seine geschiedene Frau berichtet – regelmäßig nach Holland fährt, um für sich und den Sohn Haschisch zu besorgen. Kommt billiger, ist sicherer. Vielleicht haben diese Eltern die Sehnsucht nach Gemeinsamkeit und Nähe zu ihren Kindern falsch umgesetzt. Der alte Satz, man solle nicht versuchen, der beste Freund seiner Kinder zu sein, hat viel Wahres.

Die Eltern der Autorin hatten sich in den Siebzigerjahren, als auch gesettelte Paare mit Kindern, Bausparvertrag und *Hörzu*-Abonnement jung und hip und modern zu sein hatten, um den Muff von tausend Jahren unter ihren Couchtischen und Ehebetten hervorzuwedeln – diese Eltern also hatten sich eines Abends hingesetzt, um gemeinsam mit Nachbarn einen Joint zu rauchen. Man musste das ja mal ausprobieren, um dabei gewesen zu sein. Wir Kinder fanden das damals cool. Damals konnten

Eltern mit Grenzüberschreitungen noch cool sein. Heute regen sich unsere Kinder wie Bolle auf, wenn wir eine Zigarette rauchen, weil das ungesund ist, und weisen uns beim Grillabend darauf hin, dass marinierter Schweinebauch in unserem Alter das Herzinfarktrisiko erhöht, und überhaupt sollten wir mehr auf uns achten … Das mag Irrsinn sein. Oder Liebe.

# UND WIE GEHT'S WEITER?

Wenn »Hotel Mama« seine Pforten schließt

Irrsinnig und liebevoll machen wir weiter. Hannah wird in einigen Monaten ihr Abitur absolvieren, danach plant sie ein Jahr im Ausland. Lukas wird ein Jahr später hoffentlich ebenfalls die schulische Kurve kratzen, vermutlich mit etlichen Blessuren und im unteren Punktebereich, aber egal. Und Jerry, der Jüngste, wird dieses Buch aller Voraussicht nach voller Stolz im Kreis seiner Klassenkameraden herumzeigen: »Schaut mal hier, das müsst ihr unbedingt lesen. Das habe ich geschrieben über meine Familie. Denen hab ich's vielleicht gegeben!« So ist das mit den Pubertätern, man entkommt ihnen nicht.

In letzter Zeit stellen wir uns öfter vor, wie es wohl sein wird, wenn unsere beiden Großen das Haus verlassen haben werden. Immerhin haben wir bereits Erfahrung mit den kleinen Fluchten unserer Kinder gesammelt, die gerne und immer wieder unter lautem Hurra ihr Zuhause verlassen. Also werden sie, die Ex-Pubertäter, nach dem Abitur garantiert auch das Weite suchen und finden ... Ach ja, ist das so? Es gibt da bereits erste Zweifel. Nicht bei uns – bei den Kindern.

»Sagt mal, ihr wollt uns doch nach dem Abi nicht einfach so vor die Tür setzen, oder?«

»Nicht unbedingt, aber …«

»Ihr redet doch seit Monaten von nix anderem mehr!«

»Na ja, wir müssen schon vorausdenken, wie es jetzt so weitergehen soll mit uns!«

»Und was ist mit uns? Werden wir brutal und lieblos rausgeworfen? Was aber, wenn wir erst mal in eine Phase der Selbstfindung eintreten wollen?«

»Monatelange Selbstfindung daheim ist nicht. Ihr sagt doch auch immer, ihr haltet es hier schon gar nicht mehr aus wegen all des Terrors, den wir machen!«

»Ja, aber nach dem ganzen Abistress braucht man doch erst mal eine schöpferische Pause. Wieso plant ihr denn so herzlos und schnell ohne uns?«

»Na ja, wir wollen wahrscheinlich umziehen, denn wir brauchen ja bald keine so große Wohnung mehr –«

»Wie? Ich hab' dann kein Zimmer mehr?«

»Du wirst woanders wohnen – wo du studierst oder wo du …«

»Super Eltern seid ihr, wirklich wahr!«

Erboster Abgang, Türknallen, man kennt das.

War es nicht immer die junge Generation, die unbedingt losziehen wollte, um allein die Welt zu erobern? Wurde Christoph Kolumbus etwa von seinen Eltern vor die Tür gesetzt und kam dann erst auf die Idee, es wäre schön, auf Entdeckungstour zu gehen? Nein, er war gerade mal 14, als er zum ersten Mal zur See fuhr! Unsere Kinder werden sich daran gewöhnen müssen, dass das »Hotel Mama« irgendwann seine Pforten schließen wird.

Aber wahrscheinlich müssen wir alle froh sein, es so lange und weitgehend heiter gemeinsam ausgehalten zu haben. Wir Eltern klagen jedenfalls auf hohem Niveau. Was tun, wenn Unlust, Ekel, Phlegma oder auch stille Wut in völliger Verweigerung enden? Wenn ein 15- oder 16-Jähriger sagt: »Ich habe keinen Bock mehr auf euch, auf das alles hier!«, das Elternhaus verlässt, abhaut? Zwei mit uns befreundeten Familien ist genau das passiert, was ja durchaus nicht selten ist. Sie haben sich bemüht und gerungen, gekämpft und gebettelt, haben Erziehungsberatungsstellen aufgesucht und Therapeuten. Und sind darüber verzweifelt. Eine Mutter hat den Sohn schließlich hinausgeworfen, da war er 16. Er nahm Drogen, schlief ab und an auf der Straße, kehrte nur unregelmäßig zurück. Bis heute fragt sich die alleinerziehende Mutter, ob das richtig war. Und bis heute hat sie ein schlechtes Gewissen. Andererseits weiß sie: Hätte sie das nicht getan, den Kreislauf von Wut und Hass nicht durchbrochen, hätte sie keine Chance auf ein anderes Leben gehabt, und der Sohn vielleicht auch nicht. Der lebt heute in einer Landkommune, jobbt ein wenig, kifft ein wenig. Aber er ist gesund und autonom. Letztlich eine gute Wendung. Der Sohn der anderen Familie ist gegangen und nie wiedergekommen. Eines Tages war er tot. Crack. Die Eltern sind bis heute untröstlich. Und nicht mehr zusammen.

Wir haben also vor allem wahnsinnig viel Glück gehabt. Und wollen daher auch nur einige, wenige Regeln unseres innerfamiliären Chaos, das dem Chaos in vielen anderen Familien sicher gleicht, zur Nachahmung weiterempfehlen. Etwa das Regelwerk der Mutter, das in unseren Augen eine gute Handreichung ist. Schon früh, lange vor Beginn der Pubertät, galt für jedes Kind: Du spielst ein Instrument, du treibst eine Sportart und du lernst dich zu benehmen! Das Instrument durfte sich jedes Kind aussuchen, es musste auch nicht täglich eine Stunde üben, aber es musste dabeibleiben. Aufhören galt nicht. Auch eine Sportart durfte jedes Kind frei wählen. Es musste regelmäßig zum Training gehen, und aufgehört wurde nur, wenn stattdessen eine andere Sportart betrieben wurde. Bei Tisch wurde, super altmodisch, gegessen, was auf den Tisch kam, und nur aufgestanden, wenn alle fertig waren. Vorher abhauen galt nicht.

## Die goldene Dreier-Regel

Dieses Dreier-Gebot wird bis heute im Kern strikt eingehalten. Mit dem Ergebnis, dass Hannah seit Jahren erfolgreich und gerne ihre Stimme in Chören und A-cappella-Gruppen und ihr Ballgefühl am Volleyballnetz einsetzt, dass Lukas nicht nur ein hoch talentierter Volleyballer ist, sondern seine Frustanfälle auch mit E-Gitarre und Ohrstöpseln selbst therapiert, und dass Jerry sich sowohl an der Akustikgitarre wie auch an der Tischtennisplatte fordert. Das Tolle ist, dass die Kids sogar Gefallen an ihren »verordneten« Hobbys fanden. Die zahlreichen Debatten über »Wann kann ich endlich aufhören, zu diesem scheiß Gitarrenunterricht zu gehen?« wurden immer gekontert mit: »Wenn du ausziehst.« Heute findet Lukas seine Gitarren geil. Und Jerry, der Fußball irgendwann doof fand, spielt heute mit Begeisterung Tischtennis. Wir mussten nur eine Weile suchen, bis wir fanden, was ihm entsprach. Dieses Prinzip können wir vorbehaltlos weiterempfehlen, ebenso wie das gerne geschmähte Verbieten und Untersagen – ein Thema, das in vielen befreundeten Familien offenbar als absolutes No-No behandelt wird. Aber Regeln sind lebensrettend, und den Ärger, den man sich mit ihrer Durchsetzung einhandelt, ist es wert. Auch wenn viele Freunde uns für seltsam halten.

»Entschuldige, du kannst doch deinem 17-jährigen Sohn nicht verbieten, dass er heute Abend mit seinen Kumpels loszieht! Das geht doch gar nicht!«

»Wieso nicht? Er war gestern schon mit denen weg, ist total unausgeschlafen, hängt seit mittags nur rum und muss noch Physik und Geschichte lernen! Das hat er sogar versprochen.«

»Ja und? Das muss er doch selber entscheiden.«

»Tut er aber nicht. Also müssen wir ran.«

»Das würde sich unser Daniel nie gefallen lassen.«

»Aber ihr lasst euch gefallen, dass er sich nicht an Absprachen hält.«

»Na ja, er ist 17! Da muss er selber wissen, was er tut!«

Stimmt – aber wissen sie das wirklich? Überlegen unsere Pubertäter, egal ob 12, 14 oder 17, wirklich, was das Richtige und Wichtige wäre? Wägen sie Vor- und Nachteile tatsächlich ab? Oder sticht immer nur die einfache, die leichtere, die billigere Lösung? Mit Pubertierenden zu leben, heißt auch, sich wegen vieler Entscheidungen Gedanken zu machen, sich zu reiben und sich auseinanderzusetzen. Das geht ihnen und ihren Eltern zwar gewaltig auf den Nerv, hilft aber auch, ewig gleiche Handlungsmuster und Gedankenraster zu durchbrechen. Wer sich entwickeln will, muss die Routinen töten!

## Fragezeichen im Kopf

Die Frage bleibt: Was wird aus unseren Kindern? Leider zeigen sie bis heute keine Auffälligkeiten, die als Anzeichen für ein bestimmtes, klar ausgeprägtes Talent zu werten wären. Haben wir ein Bastler-Genie mit Tüftler-Gen unter uns? – Fehlanzeige! Einen Sport-Freak mit eisernem Leistungswillen und motiviert bis zum Horizont? – Keiner da! Ein musikalisches Wunderkind mit goldenen Klavierhänden und Talent für zehn andere Instrumente? – Nicht bei uns! Nein, wir müssen uns daran gewöhnen: Unsere Kinder sind liebenswert, okay, unverkrampft und manchmal auch echt sympathisch – aber die Fernsehserie »Das Supertalent« wird bei uns nicht fündig werden. Weder bei den Kindern noch bei den Eltern!

Das alles erleichtert die künftige (und in den Augen der Eltern fast schon drängende) Berufswahl nicht unbedingt. Dieser Zustand ist nicht neu für uns, denn keines der Kinder wollte jemals Lokomotivführer, Rennfahrer oder Tierarzt werden. Ihnen schwebten als Vision nie Berufsbilder vor, sondern eher Aggregatzustände wie »reich« oder »berühmt«. Nun bieten die Arbeitsagenturen bedauerlicherweise hierzu kaum zielführende Umschulungsangebote oder Ausbildungsmaßnahmen an. Bleibt also nur der Weg über die Universitäten oder eine betriebliche Ausbildung. Doch der ist lang. Und teuer. Und beschwerlich. (Hatten wir schon erwähnt, dass Bequemlichkeit ein Merkmal unserer Kinder ist? Hatten wir!)

Andererseits steht es nicht zu befürchten, dass unsere Kinder ihre weitere Berufsplanung als Hartz-IV-Empfänger gestalten wollen. Nur: Was werden sie werden wollen? Und wann werden sie wissen, was sie wollen? Und ist es richtig, dass wir uns bei der Berufsberatung eher raushalten? Um nicht mit unseren eigenen Vorlieben und unserer Lebenserfahrung die Phantasien und Träume der Kinder zu beeinflussen? Schließlich wäre es fatal, wenn wir von Söhnen träumten, die als Anwälte Karriere machen, und von Töchtern, die in die Unternehmensberatung gehen, während sie eigentlich Animateur im Robinson-Club und Heilpraktikerin werden wollen. Werden wir es schaffen, uns endlich mal nicht einzumischen? Plötzlich haben wir Eltern nach all den Jahren der gelebten Ausrufezeichen (»Du isst das jetzt!« – »Du lernst jetzt!« – »Du bleibst da!« – »Du gehst da hin!«) nur noch Fragezeichen im Kopf. Und die Hoffnung, dass unsere Kinder letztlich doch selbst erkennen, was sie wollen, was gut für sie ist und was sie glücklich macht.

# GEGENWEHR IST DIE BESTE VERTEIDIGUNG

Die Kinder haben das Wort!

## Hannah (18)

Also, eins muss gleich zu Beginn mal gesagt werden: Eigentlich haben unsere Eltern das alles schon ganz okay hingekriegt. Klingt komisch, ist aber so. Wir sind nette, zuvorkommende, freundliche, offene Kinder – zumindest bei anderen Leuten. Mama und Papa wollen es ja nie glauben, wenn ein Streit daheim ausgeartet ist und danach darüber diskutiert wird, wie unfassbar ätzend man sich verhalten hat, und man dann als Kind sagt: Ja, aber so bin ich doch bei meinen Freunden gar nicht! Da bin ich ganz ruhig, immer ausgeglichen und quasi nie nervig und zickig.

Aber es ist wirklich so: Zu Hause verhalte zumindest ich mich anders. Vielleicht weil ich weiß, dass ich es mir da leisten kann, dass meine Familie mich liebt, was auch immer ich tue. Das ist zwar ein wenig naiv, aber trotzdem wahr. Und das ist ja auch das Schöne am Elternhaus: Selbst nach der Pubertät lieben sie einen noch. Wie das geht, wird auf immer ein so gut behütetes Geheimnis bleiben wie das Cola-Rezept, aber ich bin der lebende Beweis. Ich war lange Zeit zickig, launisch, laut, schlecht gelaunt und einfach nur ätzend (also sozusagen fast genauso wie heute, nur noch etwas verschärfter). Und trotzdem kommen sie noch zu meinen Schulkonzerten oder unterstützen meine Projekte. Offensichtlich ist die elterliche Liebe durch nichts, oder wenn, dann nur kurzzeitig zu zerstören. Glück gehabt…

Ich habe aber auch einige kleine Anmerkungen zu machen, zu Details, die eigentlich unwichtig sind, aber mir ganz und gar nicht unwichtig erscheinen. Und zwar:

1) Die »Champagner-getränkten Auftritte im Käfer-Zelt auf dem Oktoberfest, die Wodka-gefluteten VIP-Partys in dem Schickimicki-Club ›P1‹« gibt es leider wirklich in meinem Freundeskreis. Na ja. Sagen wir lieber Bekanntenkreis. Das sind meistens genau die Leute, von denen ich mich ziemlich bewusst fernhalte. Das sind dann nämlich auch die Leute, die mir über *Facebook* jeden Tag Sachen schreiben wie: »Auf Thilo Sarrazin!!!«. Oder dass es keinen Klimawandel gebe, weil der KOPP Verlag das bewiesen habe. Meine Lieblinge also. Natürlich kann man ihnen aus dem Weg gehen. Aber auch eine meiner besten Freundinnen wohnt seit Jahren in der von Daddy bezahlten Wohnung in Schwabing und will demnächst einen Jagdschein in Düsseldorf machen. Für schlappe 2800 Euro. Mal eben so. Kein Wunder, dass unsere Eltern uns fast jeden Tag, wenn wir am Abendbrottisch von so etwas berichten,

ermahnen: »Werdet uns nie so, das ist ja widerlich!« Nein, hatte ich auch nicht vor. Aber beeindruckt ist man schon auf eine gewisse Weise. Das Geld fließt irgendwie bei vielen Leuten in Strömen aus Milch und Honig durchs Zauberland, außer bei uns, uns geht es sehr gut, aber nicht saugut. Und wahrscheinlich ist genau das gut so.

2) Ich trage NIE, aber auch wirklich NIE bauchfrei!!!

3) Eins muss mal erklärt werden: Ferien bedeuten für mich und auch für meine Brüder: schlafen, trinken, essen, was mit Freunden unternehmen, fernsehen, *Facebook*. Ja, das ist vielleicht nicht gerade viel, aber es vergeht wirklich kein Tag, an dem wir unsere Freunde nicht sehen und mit ihnen Unfug anstellen, wie man so schön sagt. Aber das sehen unsere Eltern nicht so. Mama wirft uns jeden Tag, ungelogen JEDEN Tag vor, wir seien phlegmatische Nichtstuer, die nur rumsitzen, »vorm Fernseher gammeln« und sowieso grundsätzlich nichts im Haushalt tun. Dazu muss gesagt werden: Lukas heult schon, wenn er in Schwerstarbeit den Weihnachtsschmuck vom Baum abhängen muss, Jerry nimmt seinen Job, regelmäßig Wasser und Apfelsaft aus den Trägern im Flur in die Küche zu tragen, damit immer genug zu trinken vorhanden ist, auch nicht sehr ernst, und die Einzige, die öfter mal einkauft, wäscht und bügelt, bin ich. Und dann kommt der Vorwurf: In den Ferien sitzt ihr nur rum und tut nichts. Und dazu kann ich nur sagen: DAFÜR SIND FERIEN DA!!! Man-

nometer, also wirklich: Zeig mir den Jugendlichen, der freiwillig in den Weihnachtsferien um acht Uhr aufsteht, stundenlang spazieren geht, sich anstatt fernzusehen vors Schachbrett setzt, stündlich Nachrichten auf B5 hört, nachmittags für die Abiturprüfungen lernt (die in drei Monaten beginnen! Das war ja eh die beste Argumentation: »Fang doch einfach jetzt schon an zu lernen!« Als ob ich mir das alles bis dahin merken würde, das glauben die ja wohl selber nicht …) und dann nach der »Tagesschau« wieder ins Bett geht. Das macht doch keiner. Aber das Argument, dass alle anderen doch genauso viel gammeln würden wie wir (unsere Freunde erzählen uns täglich: »Boaaaah, heute hab ich wieder nix gemacht außer Hartz-IV-Fernsehen geschaut. Und dann noch Playstation gezockt. Und sooo geile Tiefkühlpizza, Boaaaah!«), das gilt bei uns daheim nichts.

4) Ja, ich benutze wirklich keine Salatschüsseln. Aber was in dem Kapitel »Konter-Revolutionäre« über Werte und Politik so liebevoll dargestellt wird, als würde mir zärtlich-kritisch das Haar verwuschelt, das hört sich in Wirklichkeit doch ganz anders an:
»Also, wer braucht noch 'ne Schüssel?« (Papa)
Alle sagen »Hier«, nur an meinem Tischende ist es verdächtig ruhig.
»HAHA, Hannah führt sich schon wieder auf!« (Lukas)
»Häh, gar nicht, das ist halt besser für die Umwelt.« (Ich)

»Ach ja? Als ob das was bringen würde, vielleicht wenn das jeder so machen würde, aber so bescheuert ist ja keiner.« (Lukas)

»Tja, dann fang doch auch an!« (Ich)

»Warum, es bringt ja nix...«(Lukas)

Eine logische Argumentationskette also, die nicht – wie im Buch beschrieben – von unseren Eltern wohlwollend belächelt, sondern einzig und allein kaltherzig belacht wird. Spaß macht das keinen, aber was tut man nicht alles für die Umwelt. Und solche kleinen Dinge geben zumindest mir ein gutes Gefühl. Gut: Wenn dann von den Eltern der Vorschlag gemacht wird, Salatschüsseln zu benutzen und dafür mit der S-Bahn anstatt dem Auto in die Stadt zu fahren, plagt einen schon das schlechte Gewissen. Aber das wäre halt so viel unbequemer...

5) Noch ein Punkt. Die Tatsache, dass ich keinen Alkohol trinke und nicht rauche, wird in diesem Haushalt von verschiedenen Standpunkten aus betrachtet: Lukas vertritt die Meinung, in meinem kranken Hirn müsse sich ein hundsgemeiner sibirischer Steppenwolfwurm eingenistet haben, der meinen Verstand bis auf einen winzigen Rest verschlungen hat. Jerry sieht in mir ein Vorbild und sagt (noch), er wolle auch nicht rauchen und trinken, das schmecke ja gar nicht. Und Mama und Papa finden es immerhin »bemerkenswert, dass du das durchhältst bei deinem Freundeskreis«, während sie an ihrem abendlichen zweiten Weinglas nippen. Als ich allerdings aus meinem Sommerurlaub zurückkam und

erzählt habe, dass ich gelegentlich mal mit Freunden gekifft hätte, da kam als Reaktion meiner möchtegern-coolen Mutter nur: »Also, ich goutiere das wirklich nicht. Aber mei. Macht ja jeder mal. In meinen jungen Jahren damals ...« Und dann erzählt sie, wie sie vor hundert Jahren, als sie noch wild und gefährlich lebte, auch mal mit diesem einen Typen einen Joint geraucht hat, und wie der ... Das Ende solcher Geschichten höre ich meistens nicht mehr. Ich bin dann schon weg, mein eigenes Leben leben.

## Lukas (17)

Erst mal möchte ich erstaunt festhalten, dass ich in diesem Buch relativ negativ dargestellt werde. Meiner Meinung nach bin ich gar kein so schlechter Sohn und versuche immer, das Zusammenleben und das Miteinander in dieser Familie für alle so erträglich wie möglich zu gestalten. Aber genauso, wie ich meine Eltern aushalten muss, wenn sie schlechte Laune haben, so müssten sie auch mich schlecht gelaunt ertragen. Ich bestreite ja gar nicht, dass ich – wie wahrscheinlich jeder Pubertierende – öfter mal schlechte Laune habe. Aber dass man Jugendliche in solchen Phasen am besten in Ruhe lässt, das haben meine Eltern noch nicht verstanden. Beide sind Weltmeister im Dumme-Fragen-Stellen – und das auch immer zum falschen Zeitpunkt. Aber gut: Ansonsten muss ich leider zugeben, dass sie in den meisten Dingen, die sie über mich berichten, nicht übertreiben oder gar lügen.

Klar, man könnte seine Zeit wesentlich sinnvoller nutzen, als ich es tue: Computerspiele, meine geliebten Gitarren und, nicht zu vergessen, *Facebook*. Meine Eltern kommen sich schon revolutionär vor, wenn sie eine Sammel-SMS zu Silvester verschicken, wir Digital Natives aber benutzen *Facebook* so selbstverständlich wie das Telefon. Halb Deutschland verständigt sich nur noch über den jeweils geposteten Status, über unvollständige Chatnachrichten, die oft nur aus Abkürzungen bestehen, und über hastig geschriebene, von Rechtschreibfehlern strotzende Messages. Und es klappt – selbst für die »DAU«, die dümmste anzunehmende Userin: meine Mutter. Aber auch ich kann, wenn man mich provoziert, aus dem Nähkästchen plaudern: Als meine Mutter zum ersten Mal einen MP3-Player in der Hand hatte und ich sagte: »Hier, hör dir mal den neuen Song von Justin Timberlake an«, hielt sie, man glaubt es kaum, den MP3-Player ans Ohr. Ob sie wohl vor gefühlten hundert Jahren, als die ersten CDs auf den Markt gekommen sind, auch eine CD ans Ohr gehalten und sich dann gewundert hat, dass sie nichts hört?

Aber gut, zurück zu einem anderen Dauerthema daheim: nämlich zu meinen nicht immer konstanten schulischen Leistungen. Zu meinen Grundschulzeiten haben meine Eltern mir immer erzählt, dass irgendwann in meinem Leben ein Wendepunkt käme, an dem ich anfangen würde, nicht mehr alles so halbherzig zu erledigen. Ich muss leider feststellen, dass ich von diesem Punkt noch nichts bemerkt habe – obwohl das mit der Grundschule jetzt wirklich schon geraume Zeit her ist. Aber falls dieser

Tag jemals kommen sollte: Ich kann ihn kaum erwarten. Na ja, mein Resultat nach knapp zwölf Jahren Schule ist nicht gerade berauschend: schlechte Noten, einmal wiederholt, und dadurch immer Stress mit den Eltern.

Und was die verschwiegenen Verweise angeht, die rein zufällig von mir in der Post gefunden wurden und dann mit einer wirklich erbärmlich gefälschten Unterschrift zurückgeschickt wurden: mit denen habe ich wirklich nichts zu tun! Ehrlich. ☺

Das mit Abstand Wichtigste in meinem Leben sind meine guten Freunde, und damit meine ich nicht die 460 Pseudofreunde, die ich über die Zeit auf *Facebook* geaddet habe. Nein, damit meine ich die Freunde, mit denen man sich gerne unterhält und die man ab und zu auch mal trifft. Ich bin mir auch sicher, dass ich mich über die Jahre durch den Einfluss dieser Freunde, die mir wirklich nahestehen, stärker weiterentwickelt habe als durch die Erziehungsversuche meiner Eltern oder die absurden, kindischen Strafaufgaben, die ich in der Schule regelmäßig aufbekommen habe (und davon gab es so viele, dass die theoretisch eine Wirkung hätten zeigen müssen).

In der Grundschulzeit ging die Zahl meiner guten Freunde eher Richtung null, was daran lag, dass wir erst kurz zuvor nach Bayern umgezogen waren und ich keine Ahnung von bayerischen Traditionen, der Kultur und den Einwohnern hatte. Wenn man aus der Großstadt kommt, weiß man eben nicht gleich, wie das Zeug heißt, das Kühe fressen oder auf dem sie stehen. Mir war aber damals klar, dass meine neuen Klassenkameraden, auch wenn ich mich mit einigen von ihnen angefreundet habe, nicht die

Personen sein würden, mit denen ich mich noch gerne im Altersheim zu einer Partie Schach treffen und währenddessen über alte Zeiten plaudern möchte. Mittlerweile aber habe ich mich eingewöhnt, habe sehr viele gute Freunde und bin deshalb sehr selten zu Hause. Vor allem durch das neue Schulsystem, das uns eine 40-Stunden-Woche beschert, sind die Chancen, vor sechs nach Hause zu kommen, eh sehr gering.

Aber auch in den Ferien oder am Wochenende bin ich viel mit Kumpels unterwegs – obwohl man sich nach drei Übernachtungen auf anderer Leute Sofas oder gar dem nackten Boden schon einmal nach dem eigenen Bett sehnt, was man sich vor seinen Freunden aber niemals eingestehen würde.

Womit meine Eltern aber tatsächlich richtig liegen, ist die Tatsache, dass meine Kumpel und ich wirklich einfallslos sind. Wir müssten eigentlich schon stolz darauf sein, wenn wir es endlich schaffen würden, uns zu dem längst überfälligen Tennismeeting zu treffen, über das wir seit zwei Jahren reden, das wir aber immer noch nicht hingekriegt haben.

Ich hoffe, ich konnte meine Position ein wenig deutlich machen. Eines ist jedenfalls klar: Ich verfolge eigentlich nur ein Prinzip: Aktion – Reaktion! Was das bedeutet? Wenn mir Stress gemacht wird, wenn ich von meinen Eltern kritisiert oder ermahnt werde, dann reagiere ich, indem ich zurückbelle. Von mir selbst geht keine Aggression aus. Eigentlich bin ich nämlich ein ganz entspannter, freundlicher Mensch. Wenn man mich lässt.

Man denkt vielleicht, ich hätte es als Jüngster leicht, würde bevorzugt oder beschützt. Aber es gibt einige Fakten, die dagegen sprechen. Ich bin zwar noch nicht in der Pubertät, aber als Winzling wird mir von Geschwistern, Eltern und Mitschülern die Hölle heiß gemacht. Hannah ist, als Mädchen, nicht gewalttätig, aber sehr wohl nervig, rechthaberisch und eigensinnig. Lukas dagegen ist sehr wohl brutal, aber dazu noch rechthaberisch und nervig. Fazit: Hannah ist schlimm, Lukas ist die Hölle.

Nun wollen wir aber meine Eltern nicht ungeschoren davonkommen lassen. Denn diese sind schlimmer als Lukas und Hannah zusammen. Zum Beispiel beim Thema Schule: Meine schulischen Leistungen sind nicht schlecht, das will ich klarstellen. Trotzdem wird man immer, wenn man nach Hause kommt, mit einem Kreuzfeuer begrüßt, mit unsinnigen Fragen wie: »Wie war der Test?«, »Hast du schon alle Hausaufgaben gemacht?«, »Hast du heute mal Mathe verstanden?«, oder: »Warum hast du die Jacke nicht an?« Dann antwortet man mürrisch: »Ganz okay«, oder »klar«, oder »weil Juli ist« – Dinge, die Eltern eigentlich selbst wissen sollten.

Doch meine Geschwister haben mindestens ebenso viel Stress. Wenn Hannah sich nur für fünf Minuten in die Kampfzone Küche wagt, wird sie von der geballten Elternfront sofort ins Visier genommen: »Du weißt, du hast nur noch einen Monat Zeit für die Facharbeit und erst 20 Seiten geschrieben!« Knurrend zieht sich Hannah dann

schnell in Richtung Basislager zurück, mit den Worten:
»Weil 20 Seiten ja wohl soooo wenig sind, oder?«

Es gibt aber auch Situationen, die vorwiegend bei Lukas
auftreten und bei denen ich meinen Eltern recht geben
muss: wenn er zum Beispiel gar nichts für die Schule
macht oder nicht aufräumt. Offen dürfte ich das nie sagen,
ich vertrete immer die Meinung von Lukas und stelle
mich hinter ihn, sonst würde es mir schlecht bekommen.
Wenn ich zugeben würde, dass meine Eltern recht haben,
würde er mich sofort dizzen (das heißt schubsen oder
schlagen, das macht er auch in der Schule, wenn er mir
begegnet, deshalb gehe ich ihm aus dem Weg). Neulich
etwa hat meine Mutter ihn zur Nachhilfe gefahren, er
hatte nur Turnschuhe und eine dünne Jacke an, obwohl
Schnee lag. Er nahm natürlich an, er würde abgeholt
werden, und hatte sich deshalb nichts Richtiges angezogen. Als meine Mutter dann gesagt hat, sie habe keine
Zeit, ihn abzuholen, er müsse heimlaufen, hat er gesagt:
»Du glaubst doch wohl nicht, dass ich zu dieser scheiß
Nachhilfe gehe und dann bei dem Wetter auch noch nach
Hause latsche.« Meine Mutter hat darauf nichts gesagt, ist
aber nach Hause gefahren, hat seine Jacke, seine warmen
Schuhe und seine Handschuhe geholt und sie demonstrativ beim Nachhilfelehrer vor die Tür gelegt – mit einem
Zettel, auf dem stand: »Viel Spaß beim Laufen.« Trotzdem habe ich zu meiner Mutter gesagt, ich könnte Lukas
verstehen. Würde ich das nicht tun, würde er sich später
an mir rächen. Lukas hat sich dann übrigens vom Nachhilfelehrer heimfahren lassen.

Aber dies ist mein Kommentar, deshalb zu mir. Ich habe

jetzt schon fast anderthalb Jahre Latein hinter mir, und diese Sprache ist, wie Lukas sagt, »krass ätzend«. Da kann ich verstehen, dass unsere Mutter öfter mal Vokabeln abfragen will. Aber wenn ich sage, dass Felix mich schon in der Schule die letzten vier Lektionen abgefragt hat, dann muss doch nicht am Abend alles noch mal gemacht werden, oder?

So also sind Eltern nicht nur nervig, sondern auch aufdringlich. Doch es hat einen gewissen Reiz, den Eltern zu zeigen, dass man in einem Fach was draufhat (wenn man es kann. Wenn nicht, ist man ziemlich geliefert).

Aber Eltern sind nicht nur beim Thema Schule blöd, sie können auch bei der Frage »Freunde und Weggehen« ätzen. Andere Kinder haben tolle Eltern, bekommen alles, dürfen alles, machen alles. Und wir: Wir haben die »Fernsehen-schadet-den-Augen-und-setz-die-Mütze-auf-wenn-du-rausgehst«-Eltern. Wenn die Glückskinder gerade ihre neuen Wii-Spiele ausprobieren, müssen wir Instrumente üben. Und wenn andere Kinder im Hallenbad sind, müssen wir lernen. Außerdem haben unsere Eltern die dümmsten Sprüche auf Lager. (Kleiner Elterntipp: Man darf beim Aufwecken NIEMALS das Wort »Schule« verwenden!!!)

Aber nicht nur Eltern machen mir die Hölle heiß. Ich bin leider (ja leider!) nett und zuvorkommend, und auch leicht manipulierbar. Immer wenn Lukas im Wohnzimmer sitzt und keine Lust hat aufzustehen, dann holt er mich, droht mit Prügel und lässt mich etwas holen (meistens Chips), von dem ich dann meist nichts abhaben darf. Manchmal tut das sogar Hannah. Und ich Trottel mache es dann auch, weil ich oft vergesse, dass Hannah ein Mädchen ist und Mädchen dich nicht verhauen. Öfters esse ich dann beim Rückweg heimlich trotzdem etwas. Aber wenn ich von Lukas per Handy aus seinem Zimmer angerufen werde, ich solle Schokolade holen, dann geht das zu weit. Das ist mir aber leider schon sehr oft passiert.

In all diesen Gebieten bin ich schwach, aber wenn es um Geld und Geld verdienen geht, kann mir keiner etwas vormachen. Der Inhalt meiner Sparbox befindet sich nicht nur im zweistelligen Bereich, nein es sind bald 300 Euro. Ich bin der hinterlistige Meister im Geld abzocken und Sparen. Mein Taschengeld ist durchschnittlich, und ich bekomme, wie jeder, immer mal wieder Geld von Oma und Opa. Dennoch habe ich seit dem Jahr 2009 selten größere Beträge verloren.

So, Ihr habt jetzt viel über mich und die einzig echte Wahrheit erfahren. Und mein Fazit ist: Geschwister sind schlimm, Schule ist das Grauen und Eltern sind »ätzend«.

## Gabriele Frydrych

### Von Schülern, Eltern und anderen Besserwissern

*Aberwitz im Schulalltag.*
*224 Seiten. Piper Taschenbuch*

Neues von der Schulfront.

Gabriele Frydrych, erprobt durch viele Jahre hinter dem Pult, liefert augenzwinkernd und mit bissigem Humor Einblicke in den aberwitzigen Alltag im Klassenzimmer. Die handelnden Personen: pubertierende Ungeheuer, hauptberufliche Mütter, notorische Erziehungsverweigerer, besserwisserische Kollegen und überforderte Schulleiter. Frydrychs scharfem Blick entgeht nichts; ihre spitze Feder zeichnet den ganz normalen Wahnsinn »Schule« auf.

»Wer hier zu lesen beginnt, liest auch zu Ende. Ich garantiere ein Riesenvergnügen.«
Vito von Eichborn

## Remo H. Largo und Martin Beglinger

### Schülerjahre

*Wie Kinder besser lernen.*
*336 Seiten. Piper Taschenbuch*

Remo H. Largo, der Entwicklungsspezialist und »Anwalt der Kinder« (FAZ), stellt in der Bildungsdebatte endlich das Kind selbst in den Mittelpunkt und fragt, was für eine Schule unsere Kinder brauchen. Wie lernen sie lieber und deshalb besser? Wie kann die Schule der Vielfalt unter den Kindern gerecht werden? Was tun, damit die Jungen nicht ins Abseits geraten?

»Ein neuer Blick auf gute Schule.«
Welt am Sonntag

»Remo H. Largo ist eine Institution. Wenn einer etwas darüber weiß, wie Kinder sich entwickeln, dann er.«
Die Zeit

»Anwalt der Kinder.«
Frankfurter Allgemeine